跨境电商

Wish平台基础、策略与实战

方颖松　范春风　甄英鹏　吴良平◎编著

Wish

CROSS-BORDER ELECTRICITY

Wish platform foundation, strategy and actual combat

企业管理出版社
EMPH
ENTERPRISE MANAGEMENT PUBLISHING HOUSE

图书在版编目（CIP）数据

跨境电商：Wish平台基础、策略与实战 / 方颖松等编著.
—北京：企业管理出版社，2022.10
ISBN 978-7-5164-2697-5

Ⅰ.①跨… Ⅱ.①方… Ⅲ.①电子商务—商业经营 Ⅳ.①F713.365.2

中版本图书馆CIP数据核字（2022）第163060号

书　　名：跨境电商：Wish平台基础、策略与实战
书　　号：ISBN 978-7-5164-2697-5
作　　者：方颖松　范春风　甄英鹏　吴良平
责任编辑：张　羿
出版发行：企业管理出版社
经　　销：新华书店
地　　址：北京市海淀区紫竹院南路17号　　**邮　　编**：100048
网　　址：http://www.emph.cn　　**电子信箱**：26814134@qq.com
电　　话：编辑部（010）68456991　发行部（010）68701816
印　　刷：河北宝昌佳彩印刷有限公司
版　　次：2022年10月第1版
印　　次：2022年10月第1次印刷
开　　本：710mm×1000mm　1/16
印　　张：14.5
字　　数：180千字
定　　价：59.00元

前言

随着全球信息革命和产业变革的不断深入，数字技术的广泛与深度应用将进一步加速，跨境电商在推动新旧动能转换、经济提质换挡、产业转型升级中将发挥更加重要的作用。目前，我国的跨境电商发展迅速，已经成为促进经济增长和就业的巨大增长点。2021 年，我国跨境电商进出口规模达到 1.98 万亿元，同比增长 15%；其中出口 1.44 万亿元，增长 24.5%。在亚马逊“封店”事件的影响下，跨境电商出口仍保持高速增长，充分验证了跨境电商出口的市场活力和增长韧性。企查查数据显示，我国现存跨境电商相关企业 3.39 万家。近 5 年来，我国跨境电商相关企业注册量逐年上升。2021 年新增 1.09 万家，同比增长 72.2%。

跨境电商的快速发展，在推动外贸企业转型升级的同时，也面临着相关专业人才严重短缺的问题。为了满足社会对跨境电商人才的需要，本书采用工学结合、理论实践一体化的教学模式，精心编排知识内容、行业案例、课后练习，详细介绍了跨境电商 Wish 平台，使读者通过学习本书能具备企业所需的基本职业能力，投入跨境电商迅猛发展的浪潮中。

Wish 平台由来自谷歌和雅虎的工程师 Peter Szulczewski 和 Danny Zhang 于 2011 年在美国创立，是一家专注于移动购物的跨境 B2C 电商平台。平台根据用户喜好，通过精确的算法推荐技术，将商品信息推送给感兴趣的用户。Wish 主张以亲民的价格给消费者提供优质的产品，也被国内业者称为“美版拼多多”。Wish 平台有 90% 的卖家来自中国，也是北美和欧洲最大的移动电商平台。Wish 平台使用优化算法大规模获取数据，并快速了解如何为每个客户提供最相关的商品，让消费者在移动端便捷购物的同时享受购物的乐趣，被评为硅谷最佳创新平台和欧美最受欢迎的购物类 App。

本书从 Wish 平台卖家的角度出发，以店铺实际运营流程的各个环节为章节主题，详细阐述了 Wish 平台运营人员需要了解和掌握的各项知识和技能。具体来说，本书具有以下特点。

第一，内容严谨，图解详细。本书内容严格按平台官方要求进行阐述，对于较难的流程及实际操作还配有大量的详细图解，让读者一目了然。

第二，案例丰富，引导思考。本书的每个章节都有来自一线行业的案例，优秀的跨境电商运营人员不单单是掌握平台的相关操作，还需要有独立思考分析的能力，结合案例能使读者更深入地理解相关内容的意义。

第三，习题训练，辅助提升。本书在每章的末尾都安排了一个“课后习题”版块，包括选择题和分析题两部分，这些题目都与当前章节知识点紧密关联，读者可以通过自主答题，对每章讲解的内容进行及时复盘，发现不足，总结经验，提升自己。

本书可以作为商贸类专业本科学生学习跨境电商 Wish 平台的实用教材，也可以作为 Wish 平台运营岗位人员的参考用书。

目录

第一章

Wish 平台介绍

开篇案例

销往 70 多个国家，这个 Wish 头部卖家的目标是做百年企业

如果你是做跨境电商的，有几个名字你一定不会陌生，倍思（Baseus）就是其中一个。作为 3C 配件品类的头部品牌，它是无数中国卖家的发展标杆。从 2011 年倍思品牌注册成立，到 2019 年畅销海外 70 多个国家；从第一款手机周边产品下线，到快充专家，再到智能家居等多品类发展；从国内单一渠道到全球多渠道……过去的 10 多年来，我们在深圳看到一个中国科技品牌梦想的蓬勃兴起。它的故事，激励了无数中国卖家：梦想，还是要大一些。

1. 创新，倍思的生命力

从 CEC、PSE、MSDS、EMC、SMQ 到 FDA、MIC……倍思的产品质量已经获得了全球各个机构的认可，这也是倍思产品行销全球的基础所在。质量过硬的倍思，为什么还要如此执着于创新呢？

倍思创始人 CU HE 曾经以中国总代理的身份运营多个海外知名数码品牌，并取得了较大的成功，但在 2011 年，海外品牌以当时的中国 3C 周边质量不足、缺乏品牌思维为由取消了代理权，国外成熟的产品产权意识和市场经济理念让 CU HE 深刻认识到原创的价值所在，并因此创立了倍思品牌。

截至 2020 年 8 月 18 日，19 项发明专利，286 项实用新型专利，617 项外观设计专利，Golden Pin、红点、Good Design 等全球设计大奖……从核心技术到外观设计，即使只是一根“简单”的手机数据线，也凝聚着倍思的技术魅力和原创精神。可以说，是创新赋予了倍思强大的行业竞争力。

不仅仅是高质量的中国产品，创新且具活力的中国品牌，同样具有广阔的全球市场。2019 年，倍思进驻 Wish，开始产品的 Wish 之旅；2020 年，倍思加入 Wish 品牌项目，以更鲜明的品牌形象向全球消费者传达中国创造的力量。

当前，Wish 平台也处在一个快速发展和转型的时期，极具创新的高质量的产品也是平台在未来重点发展的方向，Wish 也通过品牌项目为倍思这样的品牌产品提供支持，尤其是在产品展示上的更加多元的帮助，有力地推动了品牌产品的销售。

2. 线上 + 线下，倍思的全球化

目前，倍思已经通过独家代理、海外门店、连锁店、中岛店的形式进入了数十个国家的线下市场，互联网为倍思的线上快速发展带来了难得的机遇。

品牌成立仅仅 5 年后的 2016 年，倍思就已经成长为国内线上电商渠道 Top 品牌，并开始布局线下渠道。

2017 年，线下实体店开进了 30 多个国家（地区）。

2019 年，线下实体店增至 120 家，在 70 多个国家市场开展销售，同年，品牌注册 Wish 新店铺，基本完成了线上、线下的全布局。

2020 年，倍思在更多平台布局，并加入 Wish 品牌项目，而在线下，日本、德国的独家代理公司也相继开设。

倍思正在成长为一个全球化的品牌，面对着不同地区、不同渠道和平台的需求，倍思在全球有一整套的价格管理体系，虽然在不同的渠道和平台没有严格的品类区分，但在不同的渠道和平台主推的产品是不同的。比如，在 Wish 平台，倍思的汽车用品、充电类产品、支架类产品、手机配件类销售都很好。

（1）前期发展更重视销售。

品牌在任何一个平台的发展都不是一蹴而就的，在发展的前期，倍思更关注产品在 Wish 平台的销售额而非利润的提升，会投入更多开展产品推广引流，也会加快新品的上架。

（2）精细化的运营。

品牌产品更需要精细化的运营，对于重点产品，在上架前都会基于产品进行调研，包括竞争产品、市场容量、价格区间等方面的分析，以打造爆款的思路去发展产品、运营产品。虽然采用的是爆款运营的思路，但是倍思不会去打价格战，因为更好的质量、更好的创新、更快的迭代，这些才是倍思发展的核心竞争力。

（3）与平台的积极合作。

Wish 平台正处在转型发展的时期，高质量产品、品牌产品、精品化运营是平台的发展方向，顺应平台的转型发展调整运营，是倍思后续在 Wish 发展的一个基本思路。比如倍思领先发布的一款具有独创性的车载无线吸尘器（见图 1-1），因为它的独创性，在平台上的竞争较小，通过

PB（ProductBoost，意为产品推广，Wish 平台的一个栏目）活动、精细化运营等一系列操作，该产品在 Wish 平台收获了较好的销售业绩。

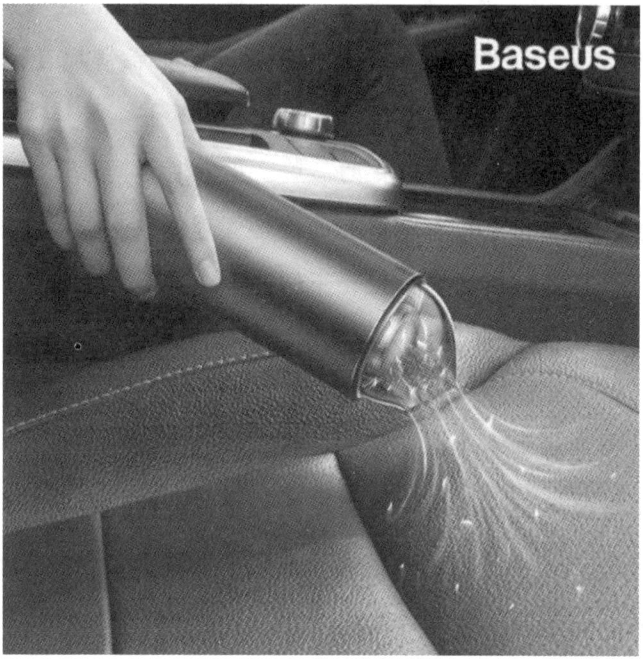

图 1–1　车载无线吸尘器

3. 倍思的运营，一切从用户出发

Base on user，这是倍思品牌的广告语，更是品牌的初心。

一切以用户为核心，创作简约实用的产品，丰富用户的生活。从一开始的快充专家到丰富的智能家居产品，倍思已经建立起充电产品、无线音频产品、灯光照明产品、创新电子类产品四大核心品类、六大产品矩阵，智能家居正成为倍思全球发展的新突破。面对这么多产品，无论是研发还是品牌发展，用户是倍思最基础的出发点。

（1）产品研发从用户出发。

相比于很多中小型卖家，倍思多样、丰富的产品品类需要公司能够更快更多地推出新产品，这就对公司的产品研发提出了更高的要求。目前，倍思基本上保持着每周都有新品发布，至少 10 个 SKU 新上架的速度，而新品开发的第一步就是产品的用户分析、需求分析，以明确产品的方向及定位，如图 1-2 所示。

图 1-2 产品研发流程

（2）产品发展以用户为核心。

经过多年的发展，倍思已经拥有了相当数量的粉丝群体，这些忠实的用户也为倍思的产品升级提供了更直接的支持。倍思不仅会积极参加国内外的展会，基本上每月也都会开展不同形式的品牌粉丝活动，很多倍思的新产品也会开展粉丝测评活动，这样的测评活动更是延伸到了国外的粉丝群体。

以用户为核心的研发运营，为倍思培养了一批批忠实的用户，也强化了用户对于品牌的黏性。这样的用户理念也恰巧是 Wish 的理念，为全球消费者提供更优质的产品和品牌，倍思就是这样的品牌。

品牌产品的发展将会成为 Wish 平台的亮点。在移动互联网高速发展的今天，跨境电商已经成为中国品牌出海的重要通道，坚持创新、坚持用户核心，如同倍思一样优秀的中国品牌将能够更快、更好地实现科技品牌、百年企业的梦想。

一、关于 Wish 平台

Wish 是 2011 年成立的一家高科技独角兽公司，有 90% 的卖家来自中国，也是北美和欧洲最大的移动电商平台。它使用一种优化算法大规模获取数据，并快速了解如何为每个客户提供最相关的商品，让消费者在移动端便捷购物的同时享受购物的乐趣。

1. Wish 的特色

Wish 是一个源于移动端的平台，99% 的交易都在移动端进行，用户可以随时随地浏览购物，用户从打开 Wish 手机应用到完成付款流程最快仅需要数秒时间。同时，Wish 弱化了搜索功能，采用个性化推送机制和独特算法，根据用户在社交网络上的浏览轨迹分析用户喜好，向用户推送与之喜好匹配的商品，因此每个人在 Wish 首页看到的商品都不同。所谓“千人千面”，就是这个道理。

2. Wish 的用户

截至 2018 年年底，Wish 用户数量已经超过 4.85 亿，年龄区间从 15 ~ 22 岁扩展到了 15 ~ 39 岁，主要用户群体为 20 ~ 30 岁。日活跃用户大于 1400 万，月活跃用户大于 7000 万。其中 39% 的用户来自美国，42% 的用户来自欧洲。

3. Wish 的卖家

Wish 平台上 90% 以上的卖家来自中国，在中国大地上遍地开花，华东、华北、华中乃至其他各地，均涌现出诸多快速成长的卖家案例。

除大卖家继续保持迅猛发展的趋势之外，众多中小型卖家也顺利实现了“草根”逆袭，诸多年轻人找到了创业发展的平台，成就了事业，实现了理想。

4. Wish 的品类

Wish 由原先单一的 Fashion 品类发展至今，目前已包含 3C 数码、母婴、美妆、家居等全品类的产品销售。Geek、Mama、Cute、Home 等垂直类目 App 应运而生，各自也创造出出众的销售业绩。

二、关于 Wish App

Wish 是一款基于手机移动端的全球综合类商品购物应用，支持超过 30 种语言，拥有超过 9000 万件各类商品，为超过 70 个国家或地区提供购物服务，在全球拥有超过 1 亿名用户。Wish 是欧洲和北美最受欢迎的移动购物应用，也是苹果应用商店和安卓应用商店里最受欢迎的生活类应用之一。Wish 备受欢迎的特色之一，是把商品和用户分别标签化，通过不断记录用户的浏览点击行为和购物消费习惯，结合大数据和人工智能算法，适时地自动向用户手机端推送其感兴趣的产品，让用户享受个性化、方便快捷、高性价比的全球购物体验。Wish 拥有 Wish 综合购物 App、Mama 母婴类购物 App、Cute 彩妆类购物 App、Home 家居类购物 App、Geek 电子产品类购物 App、Wish Local（二手）本地社区 App 等 6 个购物应用。其中，Wish 综合购物 App 的商品种类最齐全、最丰富。Mama、Cute、Home 和 Geek 是从 Wish 综合购物 App 中精选出来的垂直类商品购物应用，为商品需求相同的用户群体提供简单直接的购物体验，如图 1–3 所示。

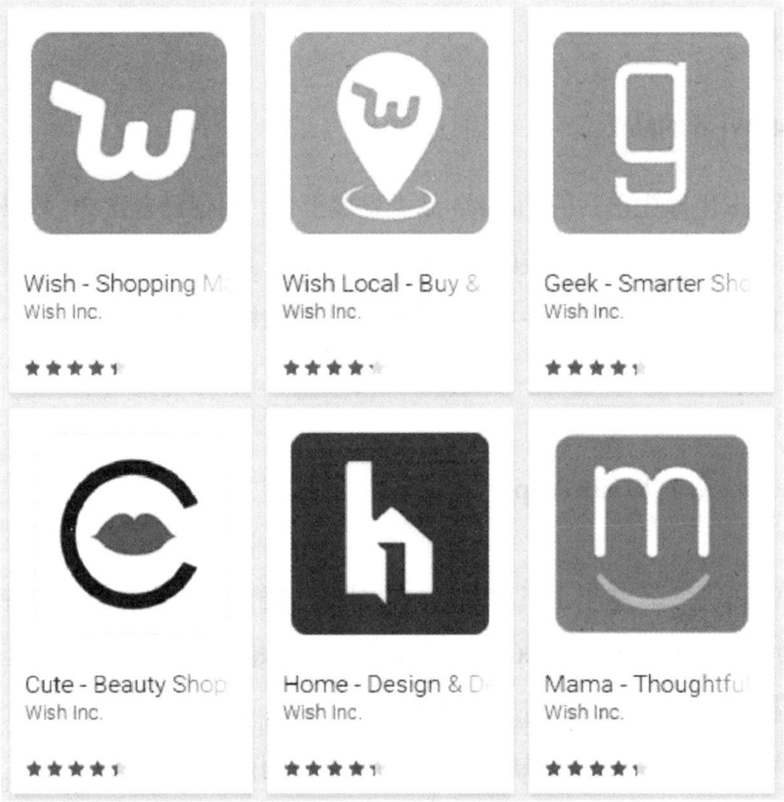

图 1–3　Wish App

1. Wish 综合购物 App

Wish 综合购物 App 是综合类商品的购物应用，提供丰富多样的商品，包括女装、男装、鞋子、时尚服饰、家居装饰、饰品、手机配件、电子产品、手表、婴儿及儿童用品、化妆美容用品、节假日礼品等，如图 1–4 所示。

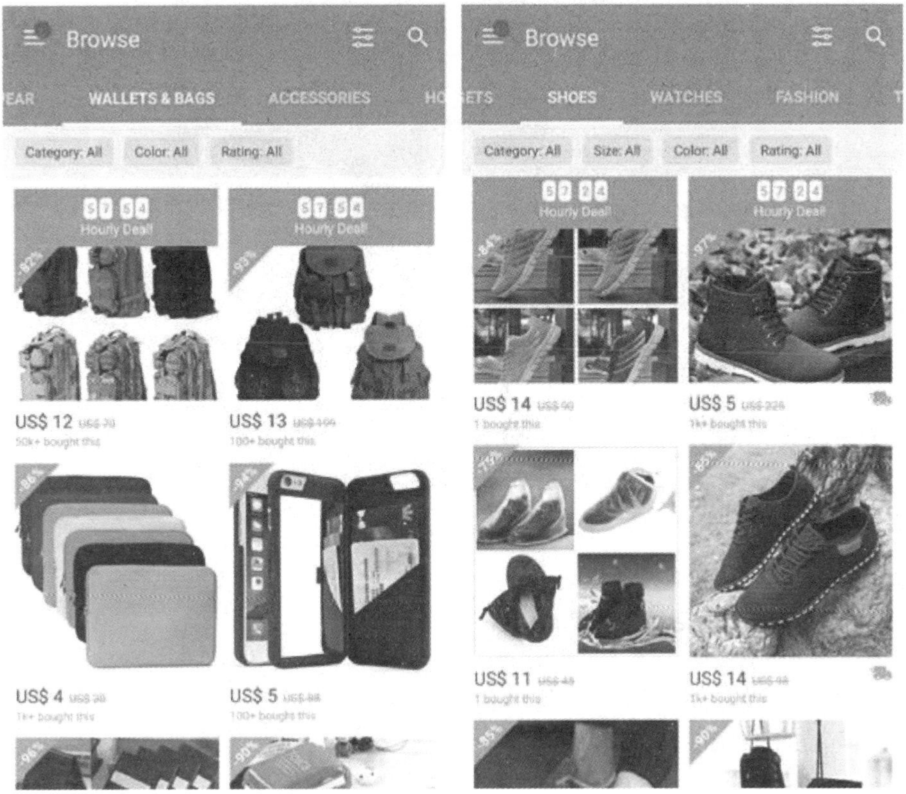

图 1–4　Wish 综合购物 App 商品页面

Wish 综合购物 App 支持在各类手机、平板电脑等设备（苹果 / 安卓系统）上使用，并具备很好的适应性和极佳的使用体验。

Wish 综合购物 App 提供的商品性价比非常高，优惠折扣高达 50% ~ 80%，还额外提供了每天限时优惠商品，刺激用户进行多次购物，如图 1–5 所示。

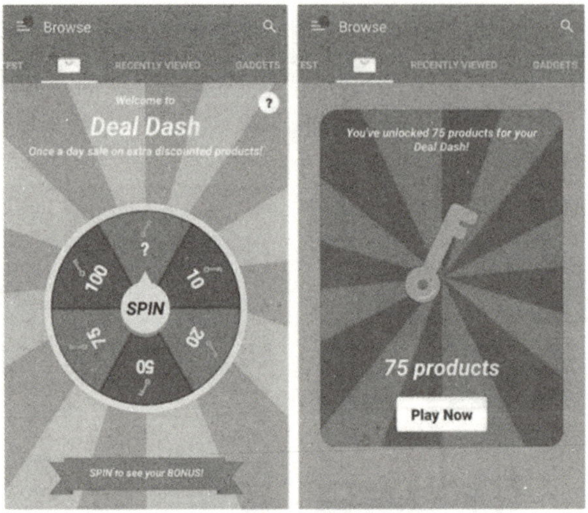

图 1-5　Wish 抽取优惠商品

2. Mama 母婴类购物 App

Mama 母婴类购物 App 是母婴用品类商品的购物应用，提供婴童用品、儿童玩具等产品，如图 1-6 所示。

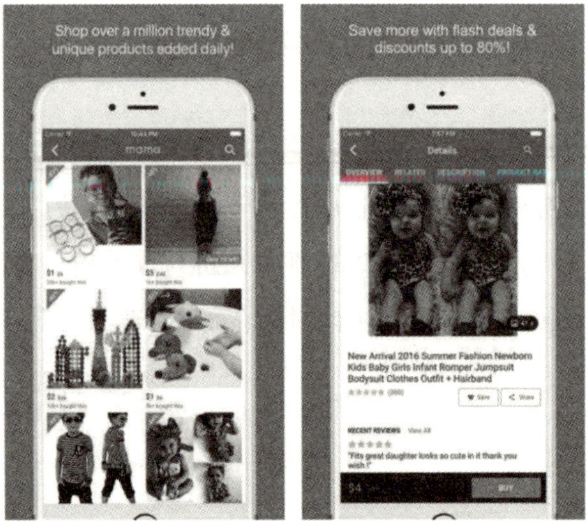

图 1-6　Mama 婴童服饰等商品

3. Cute 彩妆类购物 App

Cute 彩妆类购物 App 是美容化妆类商品的购物应用，提供化妆刷等美妆类相关产品，如图 1–7 所示。

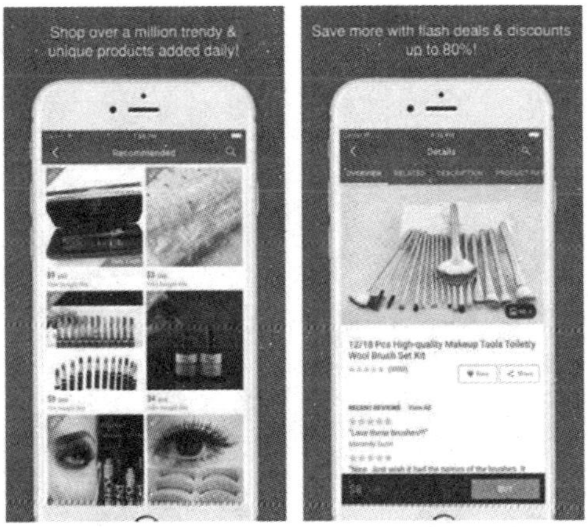

图 1–7　Cute 美妆美发类商品

4. Home 家居类购物 App

Home 家居类购物 App 是家居装饰用品类商品的购物应用，提供的产品包括厨房用具、家居装饰用品、DIY 用品等，如图 1–8 所示。

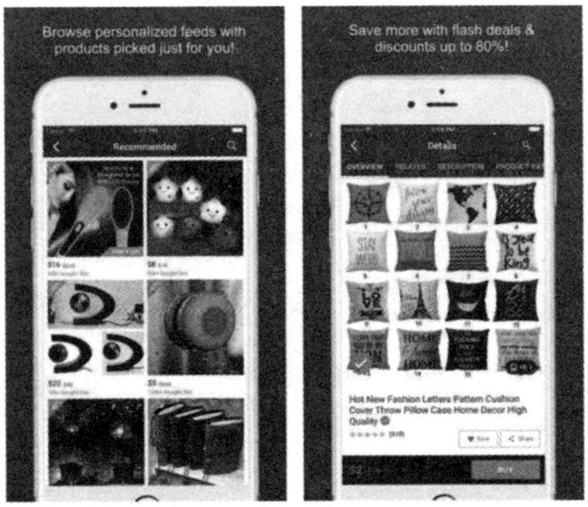

图 1–8　Home 家居装饰等商品

5. Geek 电子产品类购物 App

Geek 电子产品类购物 App 是 3C 消费电子类商品的购物应用，提供手机配件、电脑配件等数码类产品，如图 1-9 所示。

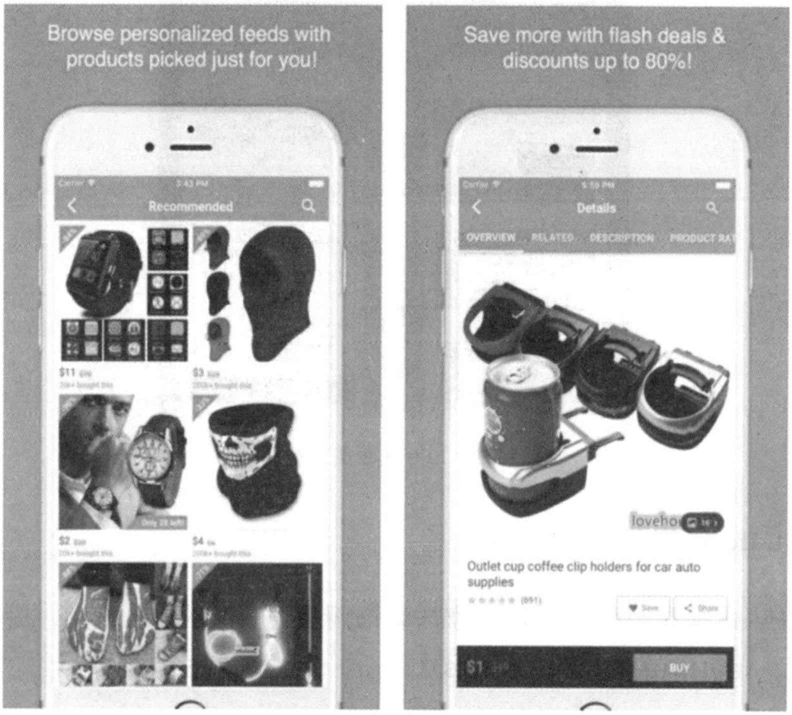

图 1-9 Geek 汽车电子和智能穿戴类商品

6. Wish 卖家平台 App

Wish 还在移动端提供有卖家平台 App 的安卓版本。卖家可以在 App 里查询店铺数据，如用户浏览数、销售数、收藏数等（见图 1-10），查看店铺中所有变化和更新通知，第一时间收到 Wish 的更新信息。

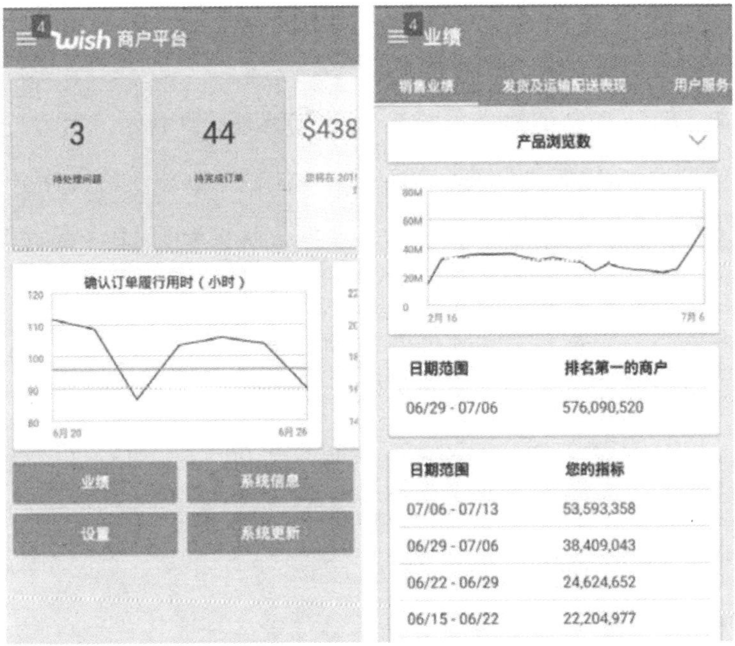

图 1-10　Wish 卖家平台 App 首页和业绩数据

章末案例

舍弃 10 年的业务线，做细分类目冠军品牌

跨境电商各大类目都诞生了顶尖的卖家和品牌，如今，“细分市场品牌”出海也成为当下的品牌出海趋势，比如专注于高端功能鞋产品的 ROCKROOSTER。

2021 年 12 月 23 日，在 Wish 和万邑通、CNE（递一物流）联合主办的“Wish Brand 菁英荟”（广州站）上，ROCKROOSTER 品牌创始人 Fico（张剑飞）便和诸多参会者分享了他们的品牌发展历程。

从 2009 年创业，到 2012 年创办自己的工厂；从做贴牌业务到创建自主品牌，在全球各国注册品牌，在海外多国创建自己的办事处、公司；从市调、研发磨具，到建立渠道……

每年上百万双鞋的销售，既是ROCKROOSTER的成就，也是品牌转型发展、再出发的基础和勇气。2019年，在制造业外迁的大背景下，经过两年的努力，公司重塑品牌定位，大胆舍弃积累了10多年的业务线，全面融入跨境出海。

当大企业、大品牌已经在各个市场上群雄逐鹿的时候，中小企业该如何避其锋芒、出奇制胜？Fico认为，挖掘细分市场的潜力，成为细分市场的“品牌冠军”，是可行之路，这也正是ROCKROOSTER正在做的。

对于中小企业实施自己的品牌化之路，“低成本、高效率、易上手、效果快”是Fico总结出的12字原则。Fico建议中小企业以“品销合一”模式为核心手段，把品牌定位、品牌思维融入企业的各个运营环节中，实现企业的品牌化经营，形成企业最有价值的无形资产。

宏观上，国内完善的制造业体系、物流运输服务是企业跨境发展的基础，互联网发展则极大地拉平了国内品牌与国际知名品牌的推广鸿沟；行业上，包括Wish在内的各大电商平台聚集起来的年轻的用户群体、Wish品牌项目为品牌商户提供的发展支持，这些都为公司品牌化发展提供了难得的机遇窗口。

对于国内外线下的知名品牌、互联网原生品牌等，流量支持、运营支持、品牌价值等是品牌发展格外重视的方向。围绕品牌商户的这些关切，Wish品牌项目特别提供了从入驻到运营的五大个性化扶持，如图1-11所示。

图 1–11　Wish 5 项品牌支持

课后习题

1. 选择题

1）Wish 平台大约有（　　）的订单来自移动端。

A.80%　　B.85%

C.90%　　D.95%

2）Wish 的注册用户大部分年龄层在（　　）。

A.20 ~ 30 岁　　B.30 ~ 40 岁

C.40～50 岁　　D.50～60 岁

3）Wish 是一家来自（　　）的创业企业。

A. 中国　　B. 美国

C. 英国　　D. 日本

4）Wish 上超过 90% 的卖家来自（　　）。

A. 中国　　B. 美国

C. 英国　　D. 日本

5）Wish 的注册用户主要来自（　　）。

A. 中东　　B. 南美

C. 欧美　　D. 亚洲

2. 分析题

华亿科技多年来一直在外贸领域从事厨房小家电业务，产品客单价不高，质量有保障，这几年公司准备拓展跨境电商业务，那么，根据公司的情况，是否适合在 Wish 平台上开店？理由是什么？

第二章

Wish 注册开店

开篇案例

商户注册“邀请制”

从 2022 年 1 月下旬开始，Wish 暂停了通过“merchant.wish.com”自由注册商户账户的开放模式，在接下来几个月内将施行商户“邀请制”注册。此举是平台战略优化的举措之一，旨在进一步增强全球商户和用户对 Wish 的信任，解决平台上的欺诈问题，构建健康的平台生态环境。商户在访问“merchant.wish.com”时，系统将提示其填写有关其公司和业务的简短问卷。点击此页面上的“填写问卷调查”即可填写问卷，如图 2-1 所示。

图 2-1 “邀请制”问卷入口

接下来，填写并提交下面的问卷，如图 2-2 所示。

图 2-2　问卷内容

提交后，Wish 团队将对申请进行评估审核，通过后会发送注册邀请邮件。在邀请邮件中，潜在商户可以使用专属注册链接进行注册，从而获得在 Wish 上售卖的权限。

如果申请被拒绝，潜在商户将收到电子邮件通知（商户可以联系 Wish 的业务拓展团队，了解被拒原因、如何重新申请和任何其他相关问题）。

在做出审核决策之前，Wish 团队也可能邮件通知商户提供补充信息。

除了新商户通过上述流程加入 Wish 之外，Wish 还会通过指定的第三方生态服务商合作伙伴和定向邀约等渠道主动邀请优质商户。优质商户受邀入驻 Wish 平台后，Wish 团队将通过 Wish Standards 项目进一步扶持产品质量优异、服务出色的商户，营造公平经营的良好市场环境，助力商户放心无忧地规范运营。

一、Wish 个人店铺

Wish 店铺类型分为个人店铺和企业店铺。以下是 Wish 个人店铺注册的详细流程（目前“邀请制”下，个人店铺不能注册）。

第一步，登录“china-merchant.wish.com”并点击“免费使用”。

第二步，在“开始创建您的 Wish 店铺”页面进行设置，如图 2-3 所示。

· 请选择习惯使用的语言，英文或者中文。选择按钮在页面的右上角。

· 请输入常用的邮箱开始注册流程。该邮箱也将成为未来登录账户的用户名。

· 输入登录密码。为确保账户安全，密码必须不少于 8 个字符，并且包含字母、数字和符号，例如“password100@store”。

· 请输入手机号码以及右边显示的图片验证码。

· 请输入手机短信验证码。

· 当完成以上所有步骤之后，请点击”创建店铺”。

图 2–3　创建 Wish 店铺

第三步，请阅读 Wish 卖家协议，并在全部阅读完后点击最下方的选框，如图 2–4 所示。

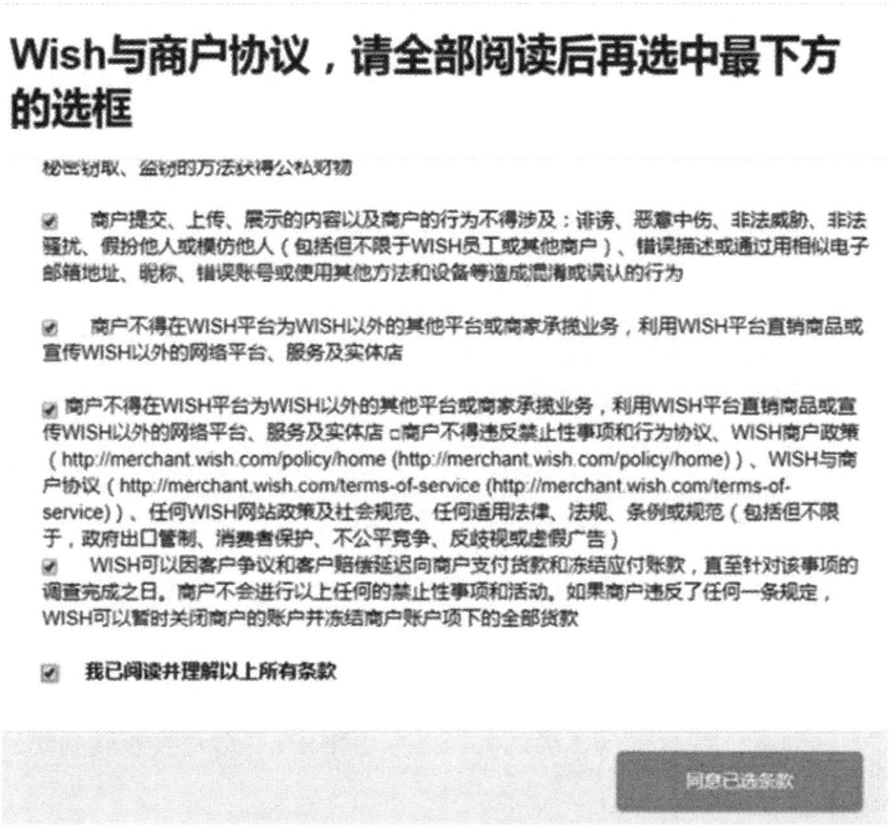

图 2–4　Wish 与卖家协议

第四步，Wish 将发送验证邮件至您注册时使用的邮箱，请点击“立即查收邮件”，如图 2–5 所示。

图 2–5　邮箱验证

收到邮件后，点击“确认邮箱”或者 URL 后会直接跳转到卖家后台。

第五步，填写更多账号信息，如图 2–6 所示。

· 请输入店铺名称，并确认店铺名称不能含有“Wish”字样。店铺名称一旦确定将无法更改。

· 请输入姓氏和名字。

· 请输入所在的国家、省份、城市、街道地址以及邮政编码。

· 点击“下一步”继续注册流程。

图 2-6　”告诉我们您的更多信息”页面

第六步，进入实名认证界面，选择个人账号实名认证，如图 2-7 所示。

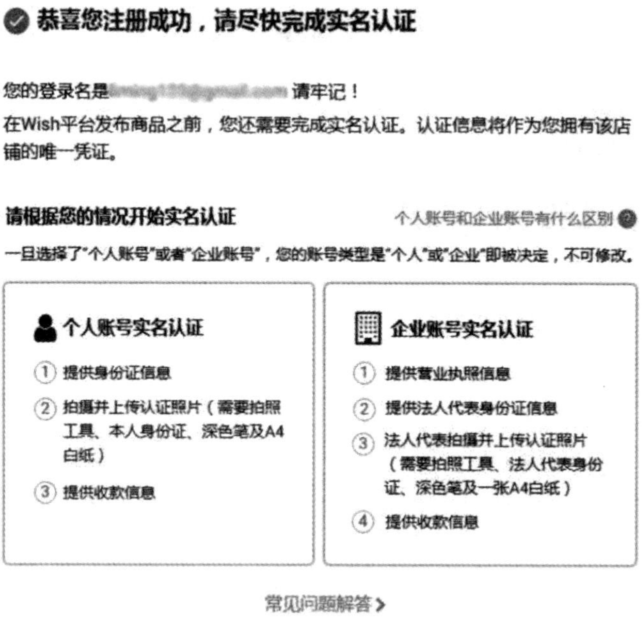

图 2–7　实名认证

· 个人账号认证，请输入身份证号，如图 2–8 所示。

图 2–8　身份证号输入界面

·实名验证要求：请准备好拍照工具、本人身份证、深色笔及一张 A4 白纸，如图 2-9 所示。

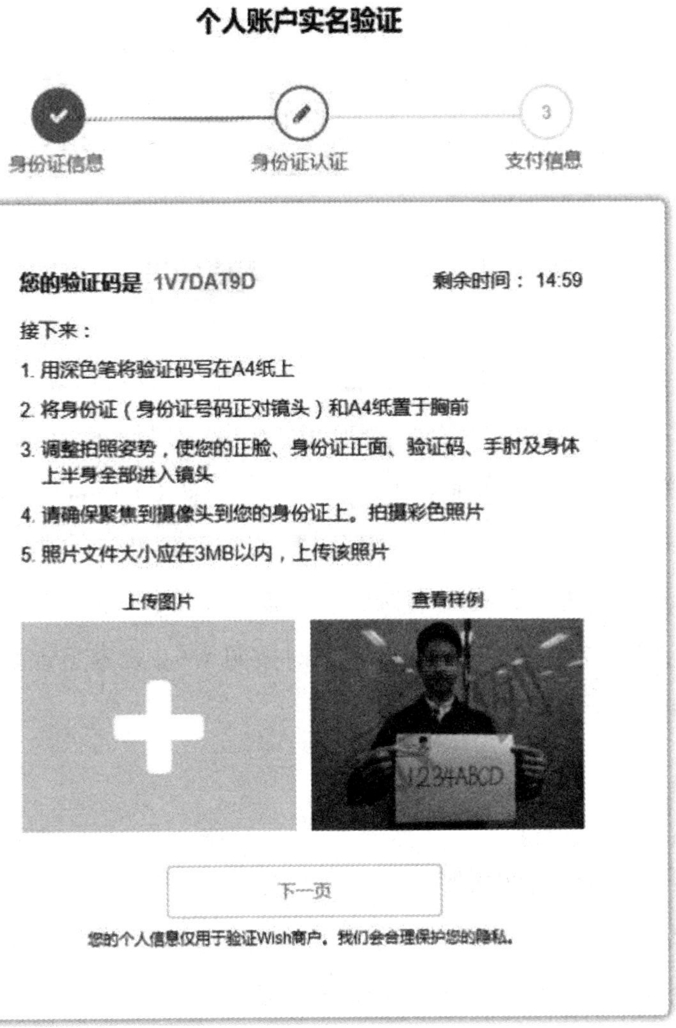

图 2-9　实名验证拍照要求

①使用数码相机或拍照像素 500 万以上的手机（不要使用美颜功能的机型）。

②照片清晰度和文件大小（3MB 以内）将影响您的实名认证，请谨慎选择拍照工具。

③整个认证需要在 15 分钟内完成。

④系统会自动生成验证码，用深色笔将验证码写在 A4 纸上。

⑤将身份证（身份证号正对镜头）和 A4 纸置于胸前。

⑥调整拍照姿势，使您的正脸、身份证正面、验证码、手肘及身体上半身全部进入镜头。

⑦请确保摄像头聚焦到身份证上。拍摄彩色照片。

注意事项：身份证号码必须清晰、手肘必须可见。

· 请上传验证照片，点击“下一步”进入“支付选择”。

此处平台将会展示如何添加收款信息，以便 Wish 业务开展后能正常收到货款。可选择多种收款方式，例如 Payoneer、World First、Pingpong 等。

· 在确认无误，提交审核后，审核需要 1 ~ 3 个工作日，请耐心等待。若信息在审核后被退回，请及时按照 Wish 卖家后台要求更新，以免耽误开通账户。

二、Wish 企业店铺

企业账号认证，请准备好企业营业执照、法人身份证信息，如图 2-10 所示。

· 请输入企业的公司名称，注意：个体工商户不可作为企业账户。

· 请输入统一社会信用代码。

· 请上传清晰的营业执照彩色照片。

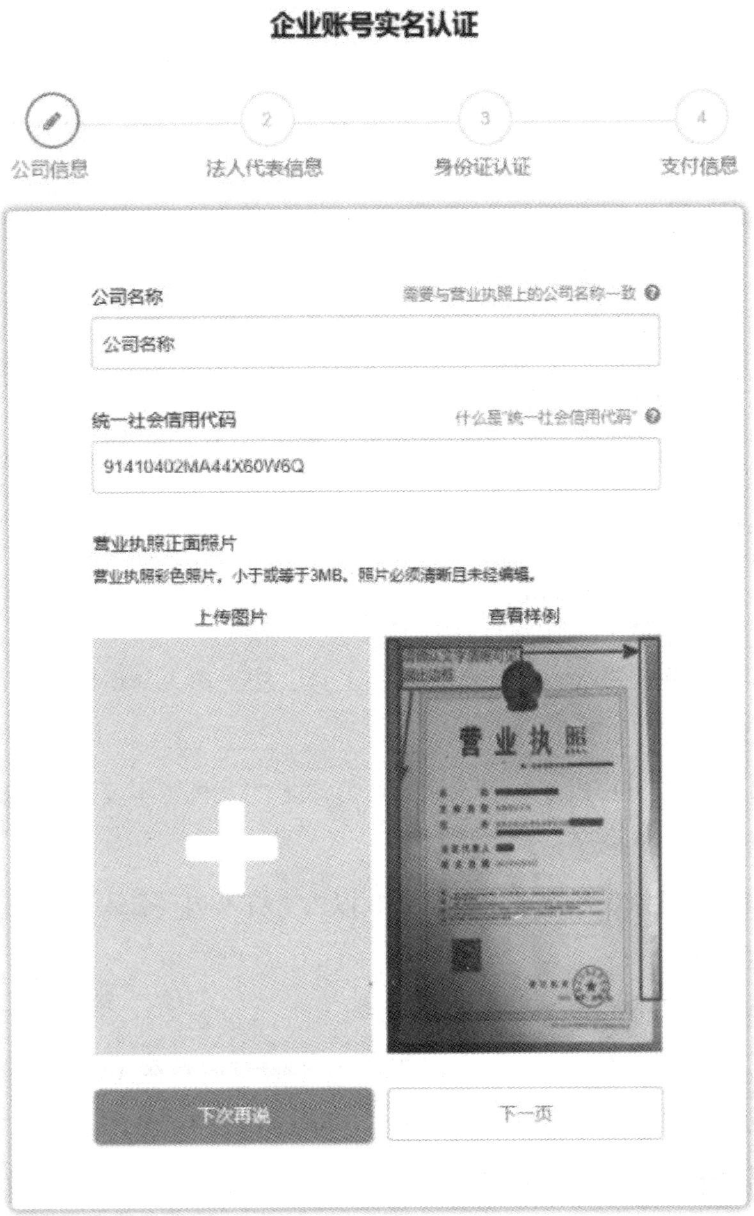

图 2–10　企业账号实名认证

· 请输入法人姓名和法人身份证号码，如图 2–11 所示。

图 2–11　填写法人姓名和身份证号

· 企业验证要求：请准备好拍照工具、法人本人身份证、深色笔及一张 A4 白纸，如图 2–12 所示。

①使用数码相机或拍照像素 500 万以上的手机（不要使用美颜功能的机型）。

②照片清晰度和文件大小（3MB 以内）将影响实名认证，请谨慎选择拍照工具。

③整个认证需要在 15 分钟内完成。

④系统会自动生成验证码，用深色笔将验证码写在 A4 纸上。

⑤将身份证（身份证号正对镜头）和 A4 纸置于胸前。

⑥调整拍照姿势，使正脸、身份证正面、验证码、手肘及身体上半身全部进入镜头。

⑦请确保摄像头聚焦到您的身份证上。拍摄彩色照片。

注意事项：身份证号码必须清晰、手肘必须可见。

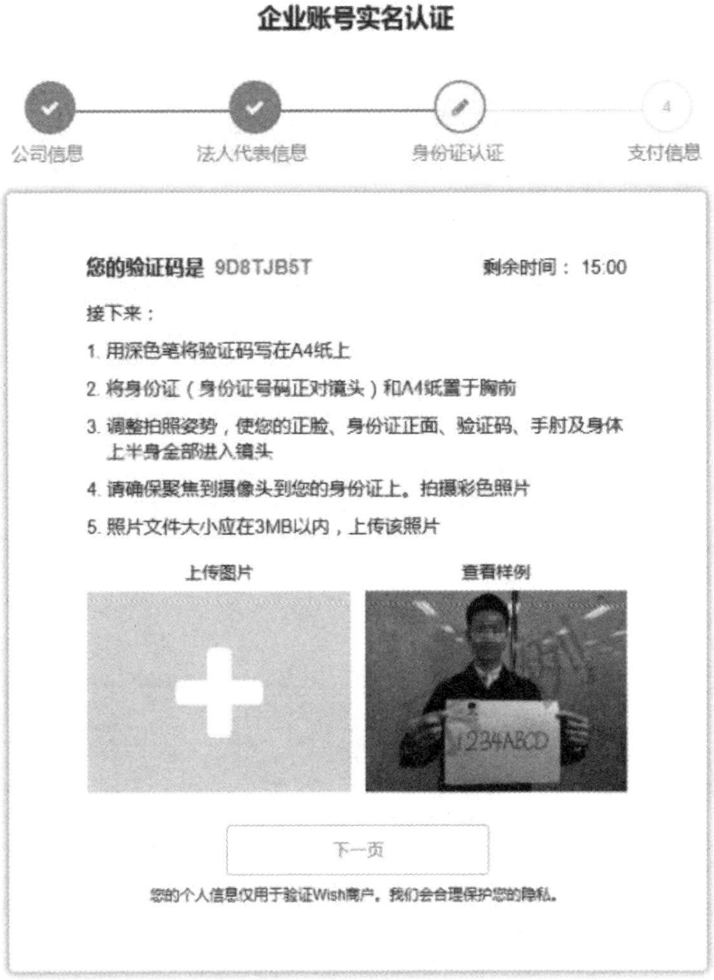

图 2–12 企业验证拍照要求

· 请上传验证照片，点击“下一步”进入“支付选择”。

此处平台将会展示如何添加收款信息，以便 Wish 业务开展后能正常收到货款。可选择多种收款方式，例如 Payoneer、World First、Pingpong 等。

· 在确认无误，提交审核后，审核需要 1 ~ 3 个工作日，请耐心等待。若信息在审核后被退回，请及时按照 Wish 卖家后台要求更新，以免耽误开通账户。

章末案例

TOPK：5 美元的产品，成就 TOP 级的品牌

3C 电子产品是跨境电商行业发展较早且成熟的品类，从这个品类中走出了许多成功的品牌，而奋战在这个品类里的 Wish 卖家更是成千上万。大到手机、电脑、影音，小到手机壳、数据线、存储卡，产品的背后是汗水，而品牌的背后则还要加上坚持和视野，比如 TOPK，如图 2-13 所示。

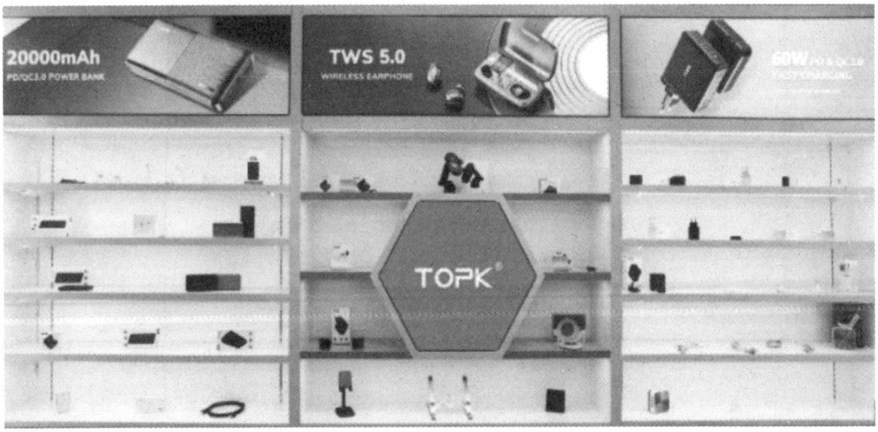

图 2-13　TOPK 产品线

说起 TOPK，很多卖家都会眼前一亮。在深圳的跨境电商圈里，TOPK 的发展一直是为人称道的，他们几乎成了工厂型跨境卖家的范本。一件件形制多样的数据线、一款款用法不同的手机支架类产品，即使只是这些看

似简单的“小物件”，也能被 TOPK 做出火爆的气势，打响自己的品牌。

1. 小小的磁吸扣，也是品牌的缩影

从最初的以批发为主、零售为辅的发展模式，到 2015 年首次“触电”跨境电商，并在 2016 年以一款数据线一战成名，2017 年开始品牌化道路，“发展品牌”这一信念几乎贯穿了 TOPK 的整个跨境发展历程。

（1）品牌，渗透在产品中。

TOPK 公司很早就认识到跨境电商行业品牌发展的趋势和必要性，已经完成了品牌在国外主流市场的注册。同时，公司在日常运营中也一直在刻意强化品牌形象，从产品的图片、包装这样有形的露出，到产品的质量、创新这样无形的体验，方方面面都体现出品牌的特质，以区别于同类型的其他产品，在跨境平台上得到了众多好评，如图 2-14 所示。

图 2-14　跨境平台用户评价

正是出于这种对产品的重视和执念，2018 年，TOPK 投资设厂，并试水更多跨境平台，2019 年，公司继续扩大出海平台渠道。作为工厂型卖家的 TOPK 在这方面拥有很多天然的优势，比如，对产品质量更有控制力。质量是品牌的基石，也是 TOPK 相比于其他卖家的主要竞争优势之一，TOPK 品牌的产品开发工作是由公司最高层直接管理，确保了更加精良的产品质量。

（2）品牌，需要专注和创新。

TOPK 的主营产品很多都是 3C 电子产品，尤其是手机配件类产品。TOPK 也在尝试扩展自己的品类市场，向更多元的市场进发，但对于正在飞速发展中的 TOPK 来说，专注于垂直品类的价值深挖仍是现阶段品牌发展的主基调。

即使是深挖品类价值，TOPK 也更专注于精品的打造。目前，公司在 Wish 平台的在售产品数并不多，只有 100 多个 listing（产品页面），但每一个都是 TOPK 精挑细选出来的适合于平台的产品。公司每月也维持着 4 款左右的上新速度，这对于很多商户来说都算少的，但对于 TOPK 来说，做精不做多能给它带来更多发展的空间。也正是得益于这样的精品化操作，其在 TOPK 店铺中 20% 以上的产品都是热销产品。

深挖垂直品类，更需要创新精神。TOPK 在追赶行业目标，同时也在被追赶，贴合市场需求、结合平台用户特性的不断创新，是公司保持竞争力的关键所在，比如从圆形的磁吸扣发展而来的椭圆形磁吸扣，同样在 Wish 平台上实现了热卖。

2. 品牌快速发展的关键

TOPK 的品牌优势除了质量，还有产品成本控制、市场反应速度，以及与平台的配合协作。

（1）工厂背景的优势。

除了对产品质量更强的把控，工厂背景给 TOPK 带来的优势还有对产品成本的控制、对市场变化的更快反应。

因为 TOPK 有自己的工厂，在产品的成本控制上比其他很多商户都有优势，能够更好地管控成本，同时，对于市场的反馈也能做出最快的反应。一旦确定了某个产品机会，TOPK 就能通过自己的工厂调整产品周期，在第一时间将产品生产出来，抢到先发优势。

比如，对于磁吸支架这样简单的一款产品，TOPK 可以在 10 天左右就完成样品的确定，大幅缩短产品的上市时间，抢到第一波有需求的用户。而因为工厂自有，TOPK 也可以以极具竞争力的价格去推动产品销售，形成强大的性价比优势。

（2）精品化的运营思路。

正像前面所说，TOPK 一直在坚持精品化的运营思路，选对的产品、选择适合于平台的产品、挖掘产品的延伸价值。

TOPK 会根据 Wish 平台的特性和市场调查的结果去做选品，也会根据用户的行为习惯调整自己的运营方式。比如，现在 TOPK 很多产品的主图都是场景图，这些图也都是经过设计的，单单是美工部门就有 9 个人，并且公司对于这些场景图也会做 AB 测试，找出最适合的图片。

市场是 TOPK 运营的基础。TOPK 是精品化运营，选品会更加细致，通常会参考第三方数据工具、Wish 平台和其他平台热卖的产品、用户评论等进行产品开发。同时，对于热卖的产品，也会根据市场反馈，做更多延伸设计来发掘更多的产品价值。

（3）紧跟平台的发展。

通过跨境电商平台去销售，不仅要了解用户的需求，也要紧跟平台的最新发展动向。

为了满足不断迭代的用户需求，Wish 正在加速推进平台的品牌产品发展，而 TOPK 一直以来也在布局自己的品牌之路，在这一点上，TOPK 和 Wish 的目标达成了高度的契合，TOPK 也在第一时间加入了 Wish 的品牌项目中。开设品牌店铺只是一个开始，Wish 也在持续关注品牌商品在 Wish 上的成长和发展，而 TOPK 的品牌店铺也实现了长足的发展，在近几个月，TOPK 店铺的订单增长超过 3 倍，销售额增长超过了 5 倍。

销售额增长快于订单量增长，反映了 Wish 的另一个发展方向——高客单价与高性价比的产品。随着用户的多元化发展，全球用户对于更高客单价的、更优质的产品的需求逐渐增加，TOPK 也在紧随平台发展逐步调整在售产品节奏，提升产品的客单价水平，通过 Wish 平台为用户提供更优质的产品。

TOPK 在售的手机配件产品的客单价已经由原来的 5 美元逐步增加到近 10 美元，随着产品设计的改良、质量和物流提升，未来，公司在售产品的客单价还将会进一步增加。当然，对于高客单价的产品，公司也会根据市场反应做一些适时的调整。

不只是产品，TOPK 也已经“嗅”到了平台对于海外仓发展的重视。在此之前，TOPK 虽然也开展海外仓的销售，但主要还是以国内直发为主，随着消费者对于物流时效的要求越来越高，公司也将加速海外仓的发展，赋予产品更强大的竞争力。

新的旺季已经开始，TOPK 已经开始感受到品牌化对于旺季发展的积极作用，即使是一件小小的磁吸扣产品，背后也反映了 TOPK 公司关于品牌化发展的细节运营。跨境电商的未来很广大，留给 TOPK 这样的品牌的发展空间同样广大。未来，品牌将会如何，我们拭目以待，但可以肯定的是，品牌化是未来的潮流。

课后习题

1. 选择题

1）下列哪项 Wish 店铺名不能通过（　　）。

A.Phoenix　　B.Broadfashion

C.Wishstore　　D.Charles' House

2）Wish 店铺注册过程中（　　）为必填项。

A.qq 邮箱　　B. 身份证号

C. 学校信息　　D. 银行卡号

3）下列哪个原因（　　）不会导致店铺申请不通过。

A. 身份证对焦不准　　B. 照片中没有露出手肘

C. 验证码写错　　D. 照片大小在 3M 以内

4）企业账号申请额外需要的材料是（　　）。

A. 身份证　　B. 银行卡

C. 企业营业执照　　D. 个体工商执照

5）Wish 店铺注册过程必须在（　　）分钟内完成。

A.10　　B.15

C.20　　D.25

2. 分析题

Wish 暂行商户注册“邀请制”后，分析平台趋势，未来产品品牌化在 Wish 平台上是否有优势？理由是什么？

第三章

Wish 卖家后台设置

开篇案例

Wish 卖家平台微信绑定功能

张华是某外贸公司经理，同时也管理着公司 Wish 跨境电商团队，平时业务繁忙，但他能很好地兼管外贸和跨境业务。在 Wish 跨境电商团队的管理上，Wish 卖家平台微信绑定功能是他的一大利器，可以随时随地通过微信来查看店铺的数据，掌握团队的运营情况，及时关注顾客反馈问题。

如何将店铺与自己的微信进行绑定？只需简单两步就能迅速完成！

第一步，关注微信，回复关键字。

绑定的第一步需要关注 Wish 官方微信“Wish 商户平台”，并在首页对话框中回复关键字“绑定”，就能看到绑定的入口，点击后即可开始进行绑定，如图 3-1 所示。

图 3-1　微信绑定入口

也可以识别二维码进入绑定页面，如图 3-2 所示。

图 3-2　微信绑定二维码

第二步，输入账号密码，完成绑定。

进入绑定页面后，只需输入店铺的账号及密码，成功登录就可以完成绑定，如图 3-3 所示。

图 3-3 微信绑定登入界面

完成绑定后，店铺就加入了 Wish 微信个性化服务的大家庭了。一旦有广告产品推荐及其他个性化信息时，平台就会通过微信第一时间告知。也可以随时随地点击微信菜单栏“Wish 必读→我的 Wish 店铺”，查看店铺的实时运营数据和信息，包括订单量、销售额、妥投率等最关心的内容，如图 3-4 所示。

图 3-4　微信 Wish 商户后台

一、账户设置

在 Wish 后台的右上角，点击“账户→设置”菜单，可以进入店铺的账号设置内容，如图 3-5 所示。

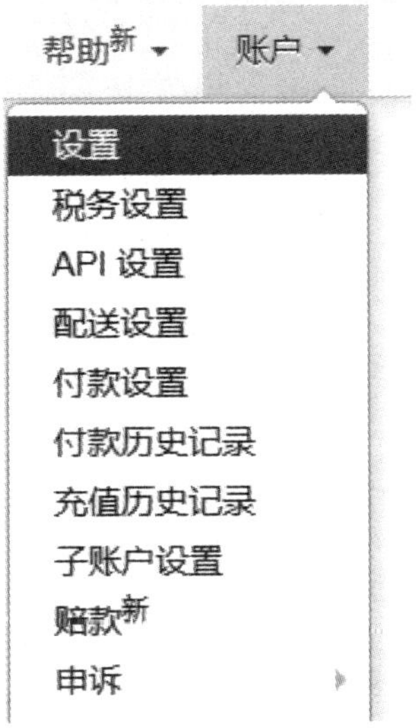

图 3–5　账户设置

进入“设置”界面后，默认显示的是“登录 & 安全”界面，在该界面中可以对名称、用户、邮箱、密码进行重新修改，如图 3–6 所示。

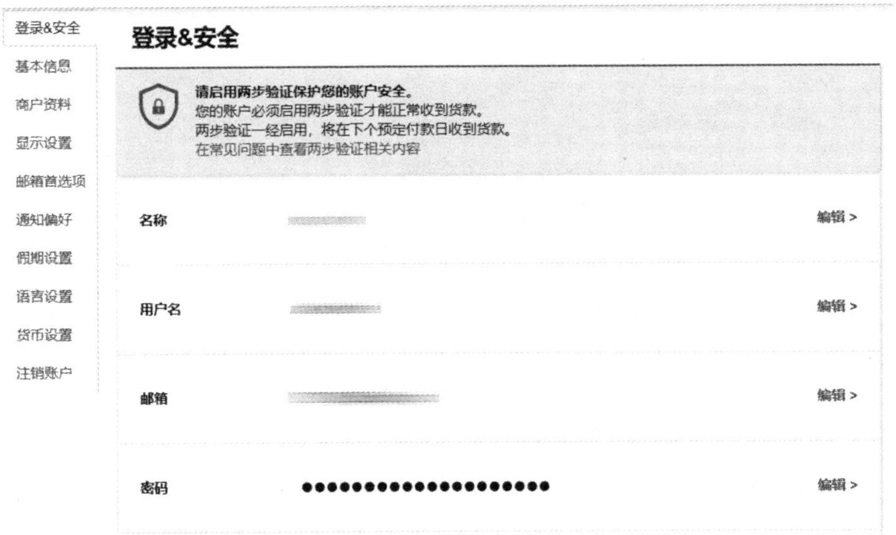

图 3–6　“登录 & 安全”界面

在“基本信息”和“商户资料”界面，会显示店铺已有信息，如图3-7、图3-8所示。

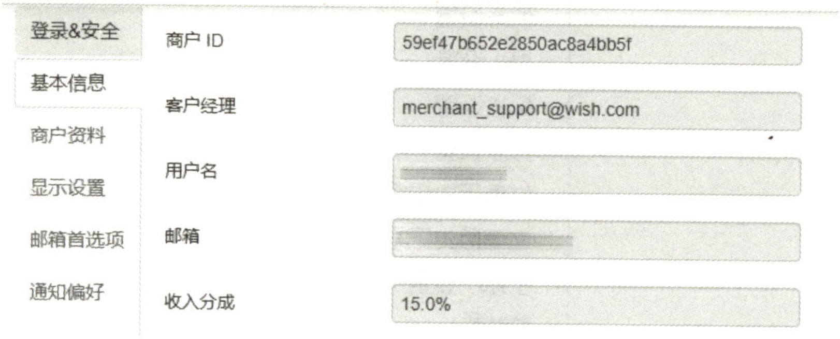

图 3-7 “基本信息”界面

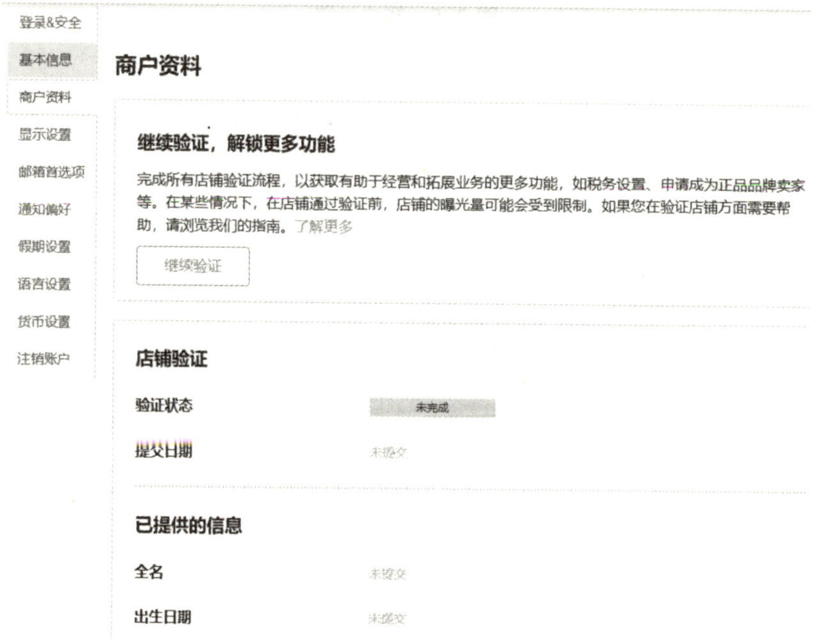

图 3-8 “商户资料”界面

在“显示设置”界面中，会显示店铺名称（Display Name）和店铺 Logo（Display Picture），如图 3-9 所示。在上传店铺 Logo 时，点击“Upload from Computer”按钮，选择“Select image from computer”，最后点击“Update”按钮。

图 3-9 “显示设置”界面

在“邮箱首选项”和“通知偏好”界面中，主要是用来设置邮箱通知的信息类型，如图 3-10、图 3-11 所示。

图 3-10 “邮箱首选项”界面

图 3–11 “通知偏好”界面

在“编辑假期设置”界面中，可以选择仓库均运营或暂停仓库运营等，如图 3–12 所示。

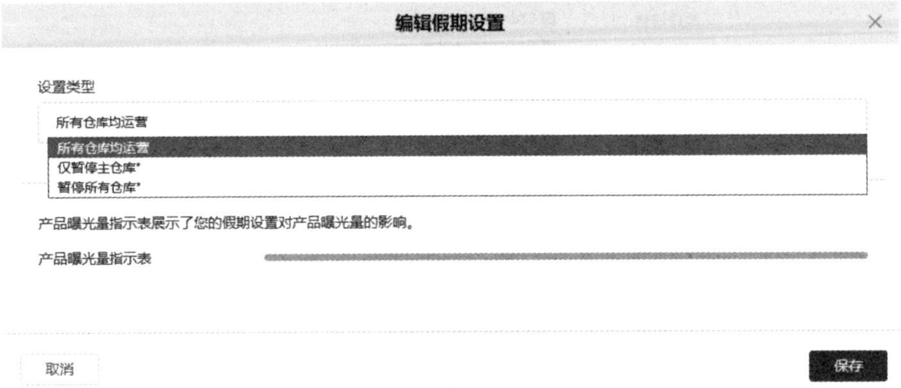

图 3–12 “编辑假期设置”界面

二、配送设置

在“账户”菜单下选择“配送设置”，如图 3–13 所示，进入“配送设置”界面后，可以对“发货目的国家 / 地区”的运费进行设置，如图 3–14 所示。第一次进入界面显示的是“仅配送至美国”选项卡，具体运费设置下拉框中有两个选项，“使用产品运费”指的是创建每个产品时各自分配的运费；“使用国家 / 地区运费”指的是针对美国地区所有产品使用同一个运费。选择后，可以在左侧文本框内输入统一的运费。

图 3–13 “配送设置”选项

图 3–14 “配送设置”界面

如果要设置其他国家 / 地区的运费，可以选择“配送至选定国家 / 地区”，该选项卡下面还有 4 个已经设置好的国家 / 地区集合，分别是“添加所有国家 / 地区”“添加热门 WishPost 国家 / 地区”“添加热门欧洲国家 / 地区”“添加热门英语国家 / 地区”，可以按需求选择。选择后会显示对应国家，针对不同的国家 / 地区，可以按店铺策略选择是统一的国家 / 地区运费，还是继续使用创建每个产品时设置的运费，如图 3–15 所示。

图 3-15 “配送至选定国家 / 地区”界面

三、付款设置

在“账户”菜单下选择“付款设置”，如图 3-16 所示。进入“付款设置”界面后，可以选择相应的支付服务商，接受买家的付款。点击“立即设置”按钮可以进入设置界面，系统目前推荐的支付服务商是阿里巴巴旗下的 AllPay，如图 3-17 所示。

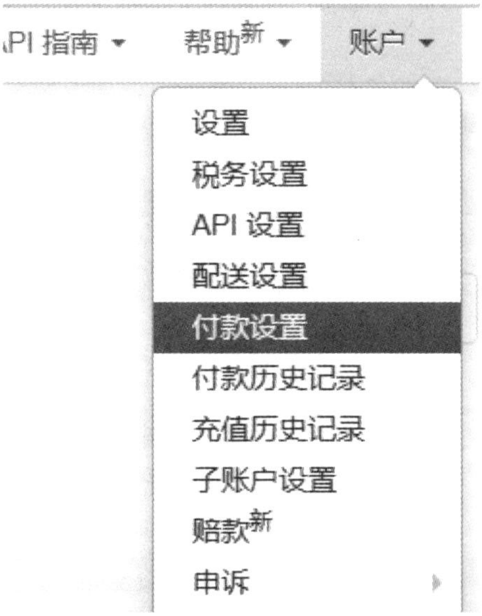

图 3-16 “付款设置”菜单

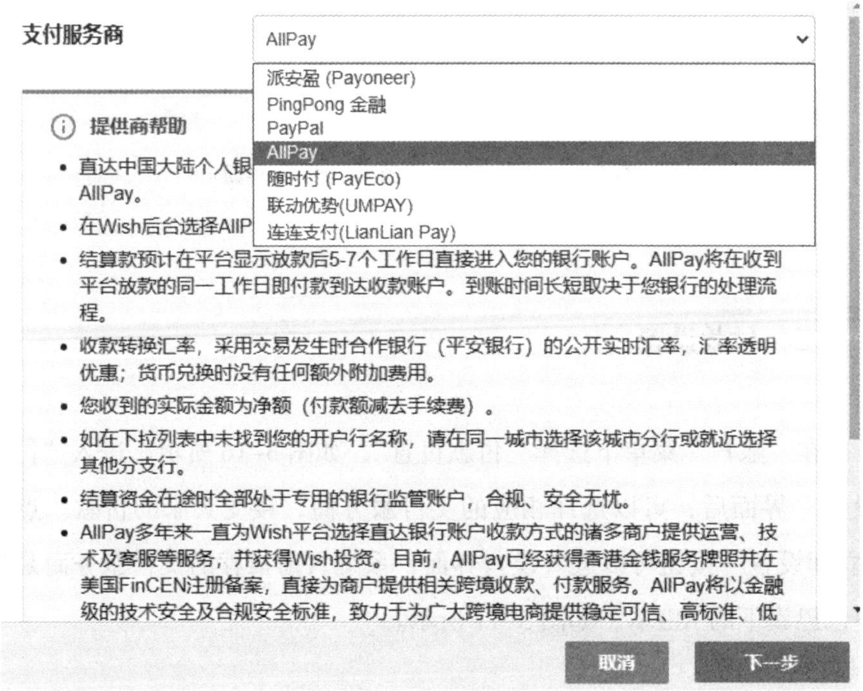

图 3-17 “支付服务商”界面

四、子账户设置

在“账户”菜单下选择“子账户设置”，如图 3–18 所示。进入“子账户设置”界面后，点击“创建一个新的子账户”，可以创建新的子账户，方便多个人员同时操作一个店铺，如图 3–19 所示。

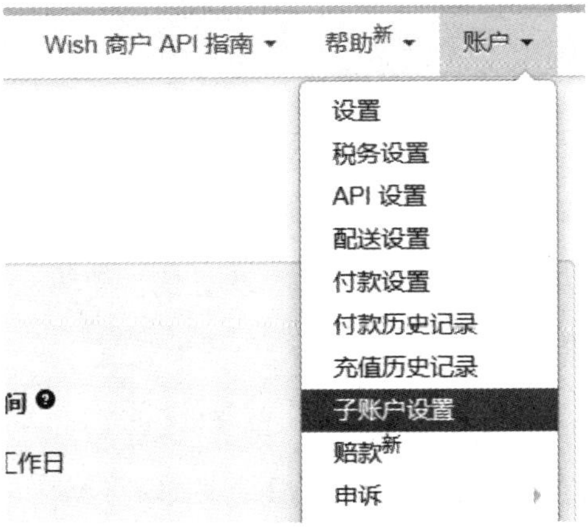

图 3–18 “子账户设置”菜单

图 3–19 “子账户设置”界面

课后习题

1. 选择题

1）Wish 店铺名是在（　　）标签栏设置。

A.Display Picture　　B.Display Name

C.Store Name　　D.Store ID

2）Wish 店铺要开通多国配送需要在（　　）里设置。

A. 账户设置　　B. 配送设置

C. 物流设置　　D. 基本设置

3）Wish 店铺要开通多个账户来管理店铺，需要在（　　）里设置。

A. 账户设置　　B. 基本设置

C. 子账户设置　　D. 配送设置

4）Wish 店铺在（　　）里设置接受买家的付款。

A. 付款设置　　B. 账户设置

C. 基本设置　　D. 来款设置

5）Wish 后台还可以通过（　　）来浏览内容。

A.Wish App　　B. 绑定后的微信

C. 手机短信　　D. 买家邮件

第四章

Wish 品牌大学

开篇案例

品牌侵权，时隔 4 年店铺被封

有卖家反映，自己 5 年前上架的 Bunch O Balloons 水气球产品由于侵权被下架，而 4 年过去了，仍旧被起诉。

本次侵权的起诉时间是 2021 年 4 月 15 日，原告通过新律所 Dentons US LLP，以其公司 ZURU（Singapore）PTE.,Ltd. 的名义向卖家发起侵权案件。据悉，Bunch O Balloons 的商标以及外观版权都是已经申请过的，所以使用该商标或者售卖该产品都属于侵权。

而关于 Bunch O Balloons 水气球的维权案件可以追溯到 2018 年，由 Dunlap Bennett & Ludwig, PLLC 律所向卖家发起侵权诉讼，根据卖家的说法，当时侵权只是会被冻结一笔打款金额，并不会关店，但是现在看来对于侵权的惩罚愈发严重了。

该款水气球是一个可以让人在 60 秒内填充并绑上 100 个水气球的神器，采用的是塑料材质，多个水气球连在一起，通过一个进水口就可以灌满所有气球，然后就可以拿着这些水气球开始愉快地玩耍，如图

4-1、图 4-2 所示。2015 年，该产品在 YouTube 上的播放量已经突破了 3640 万人次，更是被称为有史以来最酷的水气球精彩视频。

图 4-1　水气球包装

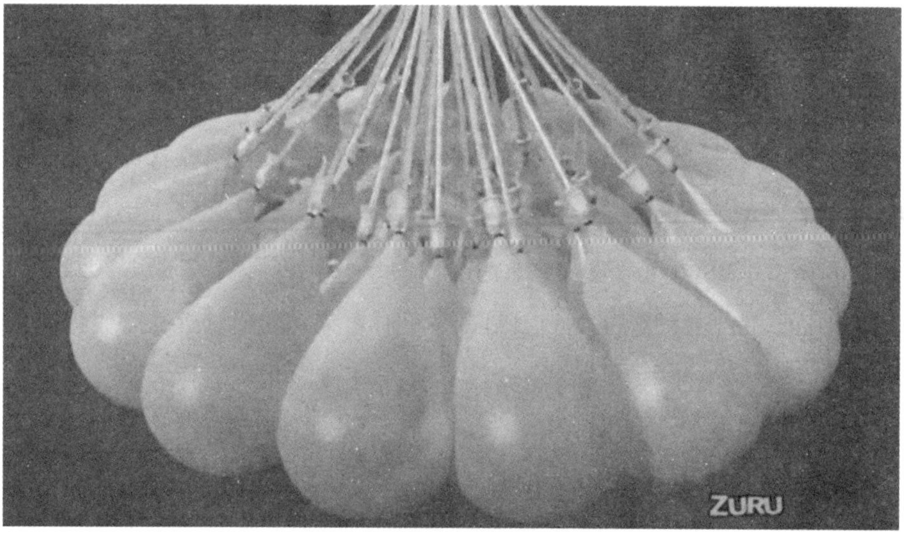

图 4-2　水气球充水效果

此外，根据这位卖家的反映，此前这款水气球的产品销量着实有点高，估计被再次盯上很有可能是其当时销售数据较为可观的原因。

一、禁售产品

作为 Wish 上的商家，有责任确保产品在配送的地区符合法律规定。此外，卖家必须遵守卖家服务条款中列出的所有 Wish 政策，包括所有与违禁产品和禁止上架做法有关的政策。不符合 Wish 政策的商品可能会招致罚款或从平台上删除，不另行通知。此外，不遵守 Wish 政策的卖家可能会受到审查，暂停或终止合作。

以下是 Wish 禁止商家销售的产品类别。

（1）假冒伪劣产品。

（2）侵犯 Wish 或任何第三方知识产权的产品，以及未经授权使用受版权保护的材料、注册商标或专利。以下案例都属于侵犯知识产权，如图 4-3 所示。

· 未经授权使用名人图片。

· 盗用图像。

· 使用品牌的盒子、袋子或衣架。

图 4–3　侵权知识产权产品

（3）体育组织商标，但凡销售美国认可的体育组织品牌产品的卖家，必须在将上架产品前提供授权证明。所有未经授权而被标记侵权的产品都将被视为仿品，案例如图 4–4 所示。

图 4–4　侵犯体育组织商标权产品

（4）武器，以下案例都属于禁售武器，如图 4–5 所示。

· 枪支。

· 弹药。

· 手里剑。

· 爆炸性武器。

· 高功率激光笔。

· 消音器，无论是用于枪支还是其他物品。

· 任何可用于制造消音器或将消音器连接到枪支的材料组件或零件。

· 真正的枪械制造套件。

· 武器改装件。

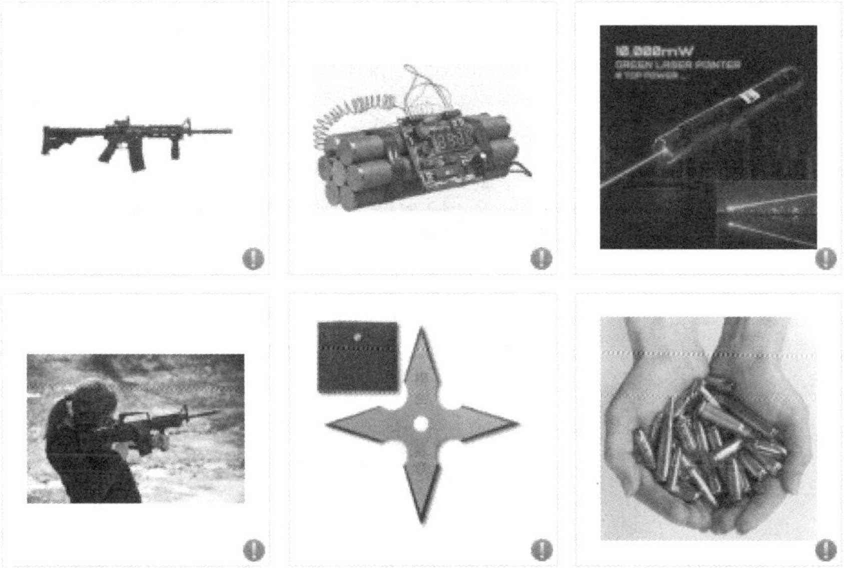

图 4–5　禁售武器类产品

（5）毒品和吸毒用具，以下案例都属于禁售品，如图 4–6 所示。

· 烟草和尼古丁产品。

· 大麻、大麻种子和大麻产品。

· 烟草、雪茄和香烟。

图 4-6　毒品和吸毒用具

· 电子烟、水烟。

·E-Juice、E-Liquid、Vape 液体和其他变体。

· 波普尔和肌肉松弛剂。

·Mod 盒和 Vape 套件。

· 压丸机。

（6）召回物品，禁止在 Wish 上销售由制造商或消费者保护协会（CPA）召回的产品。

（7）虚拟 / 数字商品、无形物品或服务，以下案例都属于禁售品。

· 礼品卡。

· 订阅频道、网站或其他会员资格。

· 在线游戏的虚拟货币。

· 家政服务、旅游套餐或其他服务。

· 购买的社交媒体关注者。

· 以数字或物理形式交付的加密货币。

（8）色情图片内容，以下案例都属于禁售品。

· 色情内容。

· 包括或与未成年人有关的色情内容。

· 不必要的裸露。

· 不必要的贴身产品展示。

（9）仇恨符号与信息，Wish 禁止销售使用语言或符号，针对特定人群基于种族、性取向或宗教信仰刻意宣扬，美化或支持仇恨暴力的相关产品。

（10）虚假广告，以下案例都属于禁售品。

· 带有来自其他电子商务网站的水印、徽标或商标。

· 预计虚假的运输时间或成本。

· 未经授权使用 Wish-Owned 商标。

· 虚假的价格信息。

· 虚假的保证。

· 虚假的机构或组织的标志、印章、徽章、证书、商业外观或品牌。

· 卖家联系方式或推荐信息。

（11）涉及隐私和技术违规，以下案例都属于禁售品，如图 4-7 所示。

· 能阻止信号传输或接收的产品。

· 间谍相机或监控设备。

· 用于更改里程表读数的任何设备或装置。

· 能访问未经授权的内容的流媒体设备。

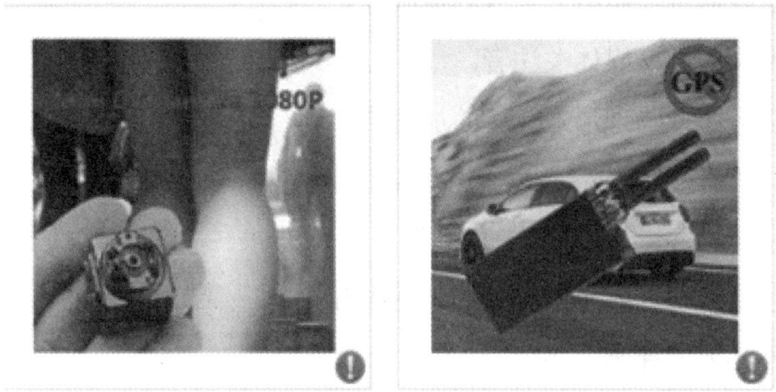

图 4-7　涉及隐私和技术违规的产品

（12）描述不明确的产品，Wish 不允许售卖神秘礼物，不允许多个不相关的产品出现在同一产品列表中，产品标题、图片、零售价及描述应全部与所售产品保持一致，案例如图 4-8 所示。

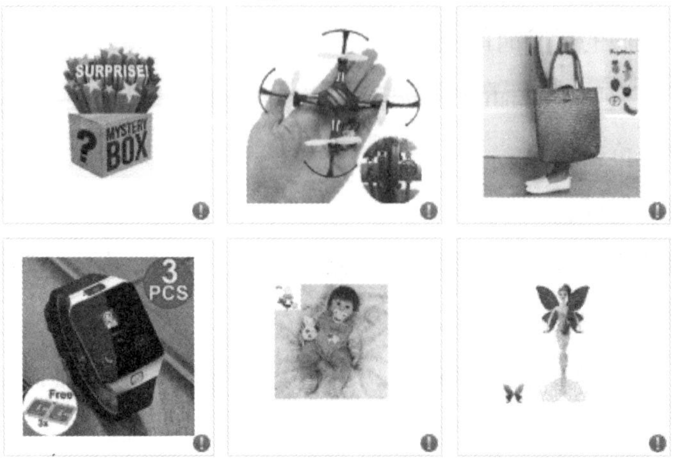

图 4-8　描述不明确的产品

（13）未经许可的多媒体产品，案例如图 4–9 所示。

图 4–9　未经许可的多媒体产品

（14）误导性产品，故意歪曲信息来呈现错误的产品，案例如图 4–10 所示。

图 4–10　误导性产品

（15）医学管制材料，以下案例都属于禁售品。

· 隐形眼镜。

· 人类生长激素。

· 氯仿。

· 青霉素。

· 睫毛增长液。

· 处方药。

· 通过注射给药的产品。

（16）危险物品，以下案例都属于禁售品，如图 4–11 所示。

· 丁烷。

· 平衡车。

· 人类身体组织。

· 农药。

· 轮胎钉。

图 4–11　危险物品

（17）食品，以下案例都属于禁售品。

· 宠物食品。

· 饮料。

· 补充剂和维生素。

· 酒精。

（18）信息模糊的产品，以下案例都属于禁售品，如图 4–12 所示。

· 模糊或删减的水印。

· 模糊或删减的标签。

· 模糊或删减的徽标。

· 模糊或删减的人物肖像。

图 4–12　信息模糊的产品

（19）儿童安全设备，以下案例都属于禁售品，如图 4–13 所示。

· 儿童汽车座椅。

· 儿童加高座椅。

· 安全带和安全带延长器。

· 带孩子的背包。

· 婴儿背带。

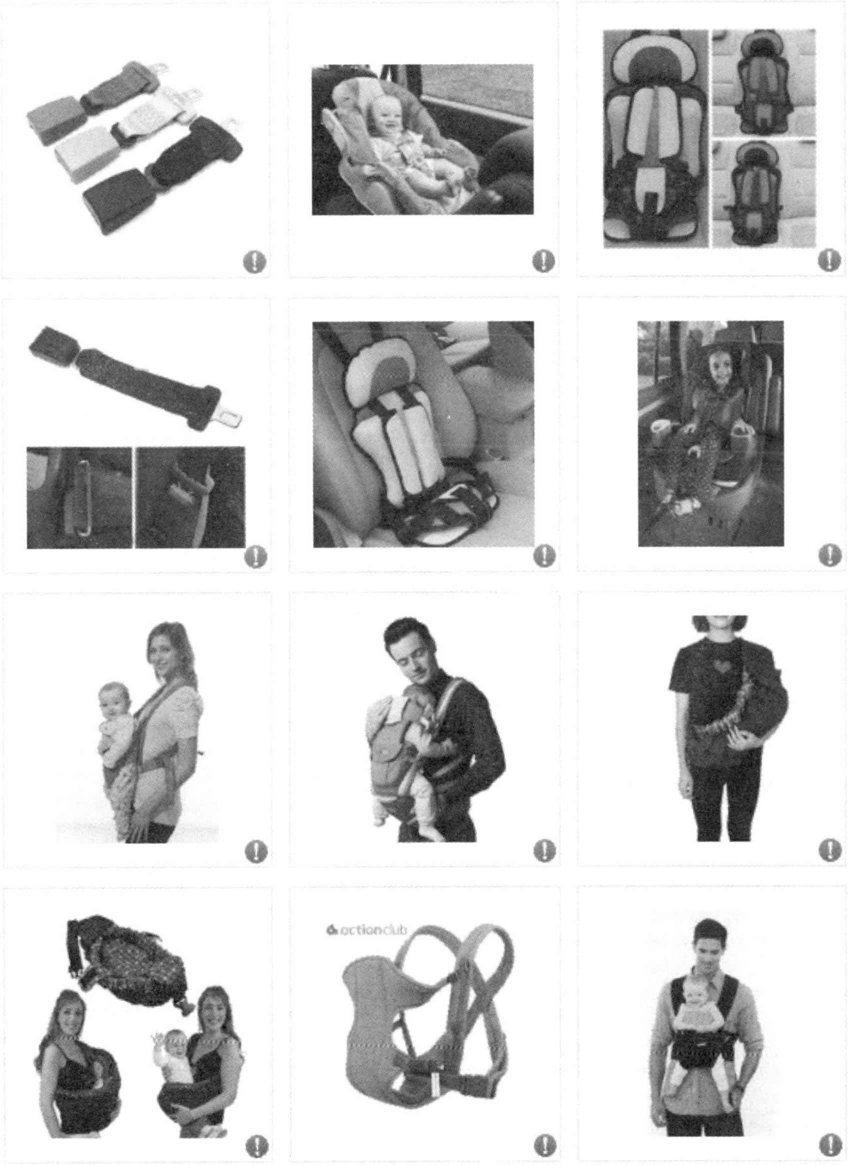

图 4-13 儿童安全设备

（20）假币，以下案例都属于禁售品。

· 在标题和描述中未明确标有“复制品”的货币。

· 出售普通大众可能误认为真钞的纸币的复制品。

· 双面货币产品。

· 大于正品尺寸的 76% 且小于正品尺寸的 149% 的货币。

· 没有按实际产品图片销售的货币产品。

· 道具、复制币。

· 目前商业可交换票据。

· 美国货币（即纸币或硬币）的任何复制品，包括道具、游戏、模仿金钱和收藏品。

· 欧元货币（即纸币或硬币）的任何复制品，包括道具和游戏币。

（21）价格欺诈。

（22）动物产品，以下案例都属于禁售品。

· 活体动物。

· 任何受威胁或濒危物种的动物（活的或死的）。

· 含有或由濒危物种或其部分制成的产品。

（23）区域性禁售产品，Wish 严禁销售不符合任何适用法律法规的产品。即使是同一产品，不同国家或地区也可能会有不同的法律。因此，卖家有责任了解特定产品在哪些地区严禁销售，或仅在特殊情况下允许销售。如果相关国家或地区禁止销售某件产品，则卖家不得启用该国家或地区的配送服务。

（24）植物和植物种子，以下案例都属于禁售品。

· 植物。

· 植物种子。

二、品牌授权

品牌授权，即要求每个商家都有责任确保他们获得合法授权，可以销售 Wish 列表中的所有产品；商店需要提供证据，证明他们销售的产品不侵犯知识产权。

如果已获得销售某个产品的合法授权，则您有责任提供充足的证明材料。获得授权的方法有如下三种。

（1）您是知识产权（商标、专利或版权）的所有者，必须提供以下材料。

· 商标、专利和版权的图片。

· 文件上列出的名称和实体必须与店铺信息一致。

· 表明您就是文件所注实体的有效证明。

（2）您已获得知识产权所有者的正式许可，必须提供以下材料。

· 商标、专利、版权的图片。

· 知识产权文件的图片。

· 销售授权书。

· 知识产权所有者的联系信息。

授权书必须有知识产权所有者的公司函头；提供授权的人员的联系信息必须与签署授权书的人员一致。

（3）您与供应商建立了转售品牌产品的合作关系，并且您的供应商已获得知识产权所有者的转售许可，必须提供以下材料。

· 商标、专利、版权的图片。

· 知识产权文件的图片。

· 供应商已获得转售授权的证明。

· 与供应商建立合作关系的证明。

· 供应商业务代表的联系信息。

可以提供以下任一证据来证明您的供应商已获得转售授权：一份从品牌所有者给到您的供应商的转售授权，或者由供应商出具的确认其已获得知识产权所有者转售授权的信函。

可以提供以下任一证据来证明您与供应商之间的合作关系：由供应商出具的确认与您建立产品转售合作关系的信函，或者是您近期从供应商处采购该品牌产品的发票。

课后习题

1. 判断下列产品是否为禁售品，禁售品打“×”，非禁售品打“√”。

1）Breathable men's shoes（透气男士鞋）。（　　）

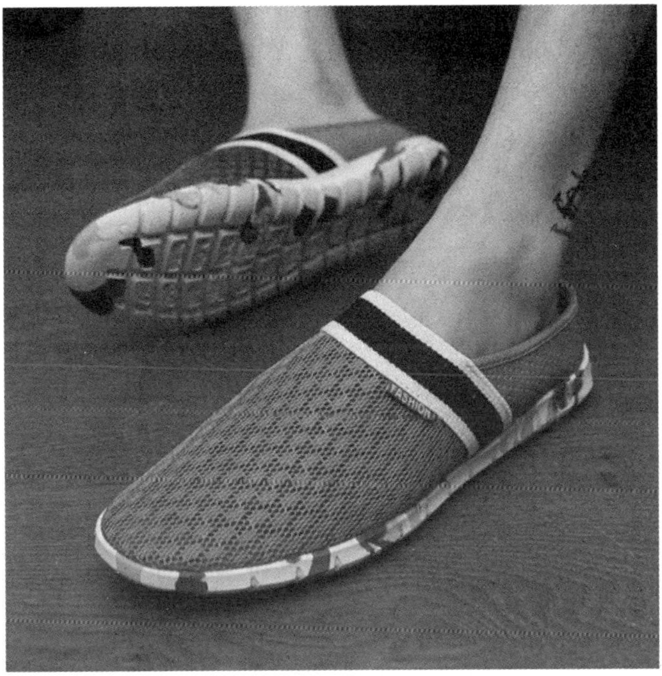

2) Outdoor folding knife Swiss army knife Spring knife Steel fruit knife (户外折叠刀瑞士军刀弹簧钢制水果刀)。(　　)

3）238 exquisite roses earrings pearl earrings E20156（精美玫瑰耳环珍珠耳环）。（　　）

4）Elivebuy® 2600mAh portable external battery charger power bank（Elivebuy 牌 2600mAh 便携式外置电池充电器）。（　　）

5）New Fashion Cool Protection Tool Security Gadget Portable Key Chain Tiger Hard Hiking Camping Self-defense（时尚酷炫防护小玩意徒步野营自卫用安全便携指虎钥匙链）。（　　）

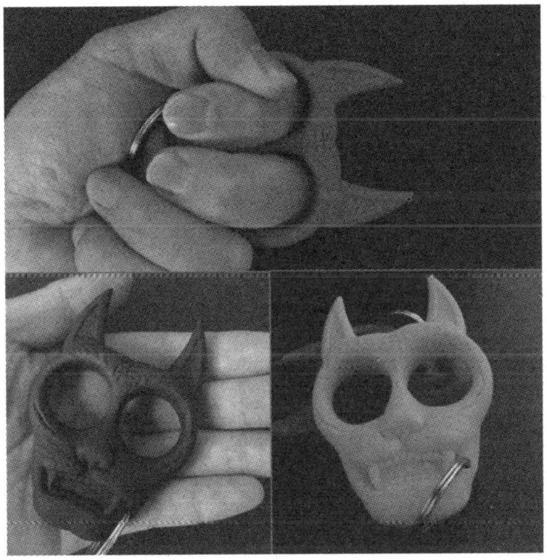

6）Women's Lace Bracelet Gothic Choker Hand Chain Bangle Victorian Bracelets 3841d（女性蕾丝手镯哥特式项链手链饰物维多利亚手镯）。（　　）

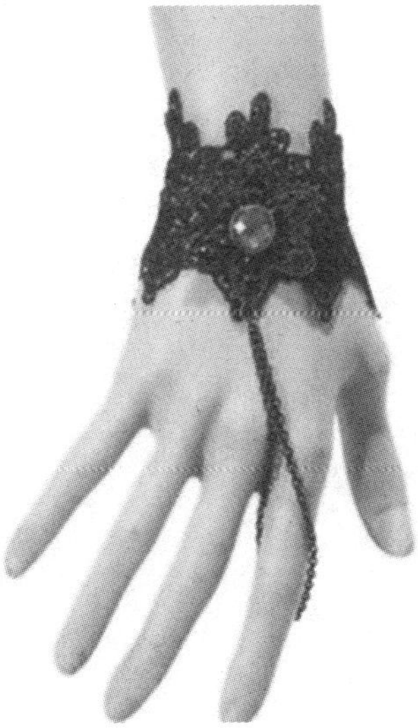

7）Novelty ice cream flame cigarette lighter refillable butane smoking lighter 4 color（四色充气式新颖冰淇淋火焰打火机）。（　　）

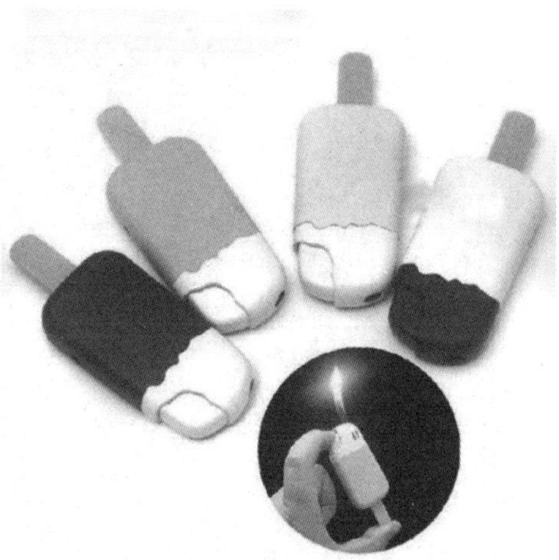

8）Microphone style portable speaker for iPhone/Samsung /HTC/ Motorola/ Nokia（Gold）（麦克风便携式扬声器适用于 iPhone/ 三星 / HTC/ 摩托罗拉 / 诺基亚，金色）。（　　）

9）Cosplay wig with long straight hair wig Wan 80cm straight hair wig female realistic two shipping（Cosplay 假发 80cm 女性逼真长直发假发）。（ ）

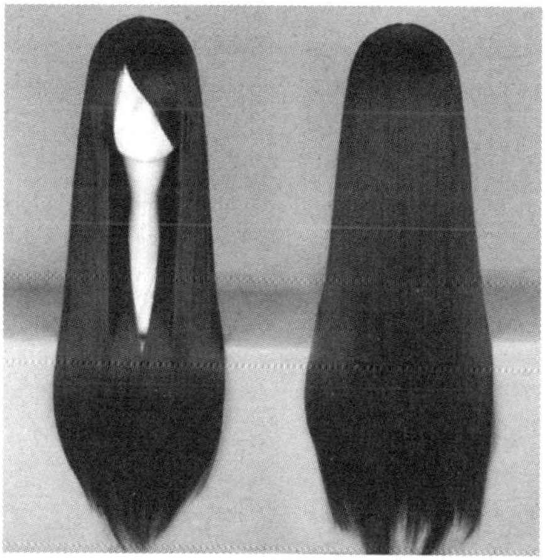

10）3pcs/Set movie figures toys cake topper deco toy frozen dolls Anna，Elsa，Kristoff，Olaf Toy Set Kits SV005707 Baby（三件套电影人物玩具蛋糕装饰玩具冷冻玩偶安娜、艾尔莎、克里斯托夫、奥拉夫玩具套装）。（ ）

11）Women's running shoes trendy flat casual shoes 2019 new arrival sneakers（女性跑步鞋时尚平底休闲鞋 2019 年新款运动鞋）。（ ）

12）High quality luxury case gold frame with big brand logo for iPhone（高品质奢华手机壳金色边框带有 iPhone 品牌 Logo）。（ ）

13）3 in 1 Mascara Eyelash Brush Curler Lash Comb（三合一睫毛膏睫毛刷卷发梳）。(   )

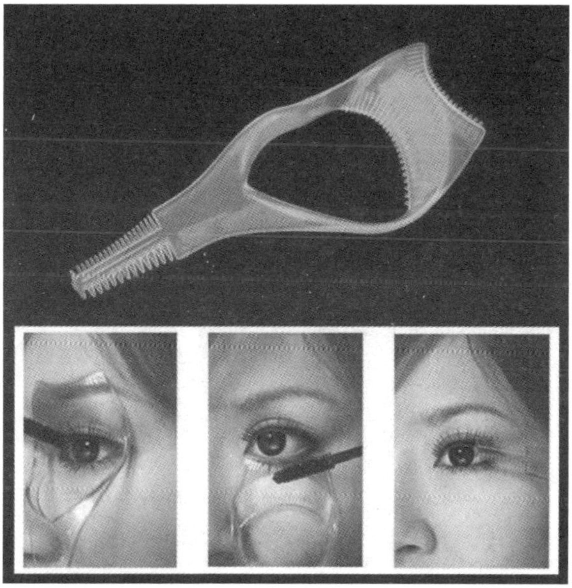

14）180mAh ego mini electronic cigarette（180mAh 迷你电子烟）。(   )

15）NEW summer men cotton fashion casual classic plaid long sleeve shirt M/L/XL/XX（全新夏季男士棉质时尚休闲经典格纹长袖衬衫 M/L/XL/XX）。（　　）

16）10W RGB Outdoor Waterproof LED Flood Light Project Remote Control - Black（100W RGB 户外防水 LED 工程泛光灯遥控黑色）。（　　）

17）women deep V neck dress club wear cocktail party dress S–XL（女士深 V 领礼服 S–XL）。（　　）

18）Cheap Chicago Blackhawks ice hockey jerseys #19　Jonathan Toews jersey green 75　anniversary with 2013　Stanley Cup finals patch（便宜芝加哥黑鹰冰球球衣 19 号乔纳森·托斯绿色球衣 75 周年纪念版，配有 2013 年斯坦利杯决赛徽章）。（　　）

19）Punk（geometric pendant）black alloy torque（朋克几何吊坠黑色合金领圈）。（　　）

20）Brand charm slimming costume for women hot sale shorts（品牌魅力女性瘦身服装热卖短裤）。（　　）

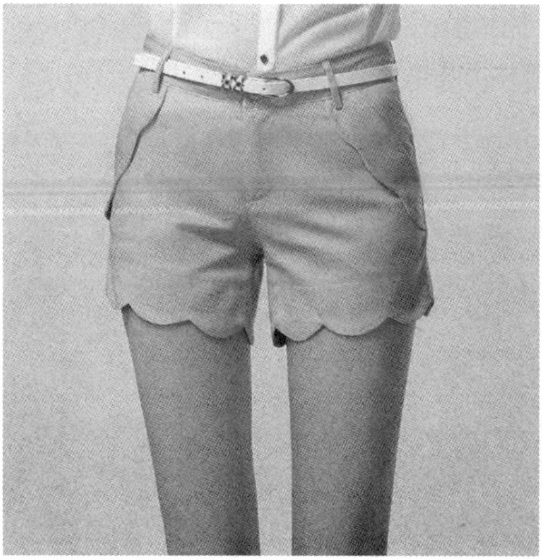

2. 分析题

通过网络调查，了解侵权对于店铺来说会有什么影响，在店铺运营过程中，要如何避免？

第五章

产品发布与订单处理

开篇案例

金牌运营总结的三个产品发布基础操作

小张是某公司的金牌Wish运营，当被问到如何做好Wish运营的问题时，他强调一定要重视产品发布的三个操作。在产品不断同质化的今天，能否科学编辑产品已成为产品能否从同质化浪潮中脱颖而出的关键因素。产品是相似的，但顾客接收到的产品信息千差万别，谁能让顾客在最短的时间内又快又好地抓住产品的卖点和亮点，谁就将赢得源源不断的订单。

1. 顾客下单的深层诱因

通常情况下，顾客是按照“查看产品—点击图片—决定下单”的动作轨迹在Wish App上购买商品。剖析这三个动作的深层诱因，有助于我们科学优化产品编辑，争取在每一环节都吸引更多目光。

（1）查看产品。

点击率：主图、价格、购买量和人群匹配度。

这一环节最重要的是主图，当大部分运营选款越来越相似时，主图的优劣愈发重要。其次，产品的人群匹配越精准，点击图片的概率也会越高。

（2）点击图片。

转化率：图片、标题、评价、描述、颜色尺码、价格。

点击图片，进入产品详情页后，哪些关键因素会影响顾客是否购买呢？图片、标题、描述和颜色尺码作为常规信息，有助于顾客加深对产品的了解，而评价和价格则成了影响商户做决定的有效因素。

（3）决定下单。

下单率：主图、价格。

当顾客面对购物车中已经选中的相似产品时，价格更优惠的产品往往会被顾客最终收入囊中。

梳理了顾客的下单逻辑后，我们不难发现，在优化主图、提高人群匹配度和合理出价上下功夫，能够获得更高的收益。

2. 图片优化技巧

（1）主图应重点展示产品卖点、亮点。

作为顾客第一眼看到的主图，应重点展示产品的亮点和卖点，吸引顾客的点击兴趣。如图 5-1 所示，左侧的牛仔裤案例，主图详细地展示了产品不同角度的着装效果、不同颜色，并标明了产品的尺寸范围；右侧的婴儿睡衣案例，通过左右区分的方式，左侧突出展示了产品的款式效果，右侧则展示了不同颜色的 SKU。

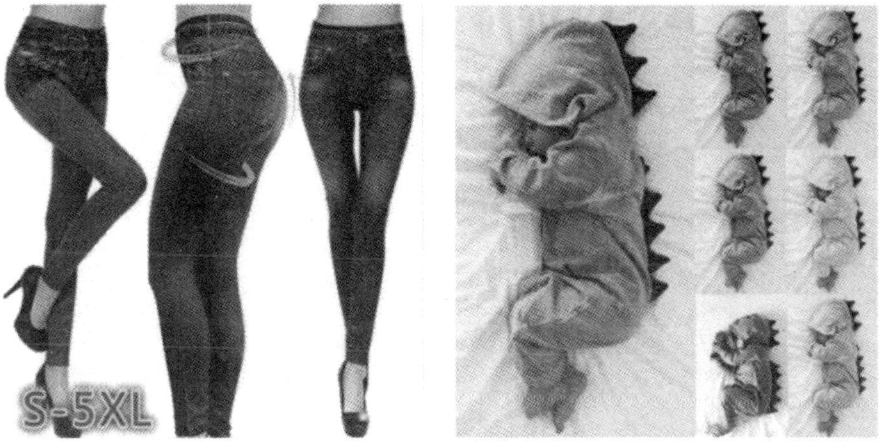

图 5-1　牛仔裤、婴儿睡衣案例

（2）图片清晰，主体明确，主次分明。

图 5-2、5-3 皆为商户主流主图格局划分案例，商户可酌情参考上述展示方式，根据不同产品特性，设计不同的图片格局，突出主次。

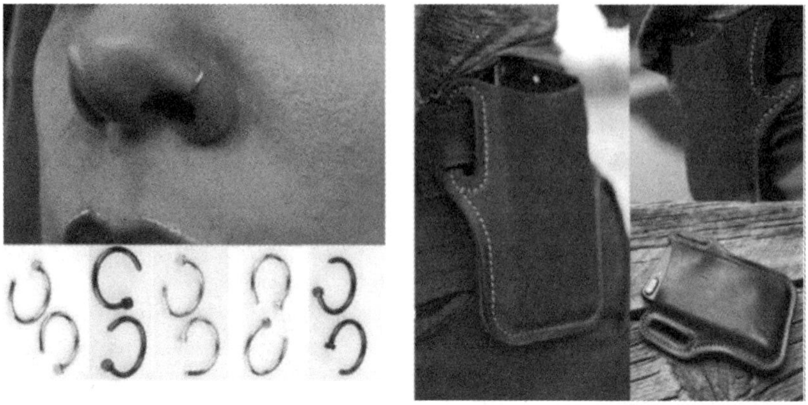

图 5-2　主图案例一

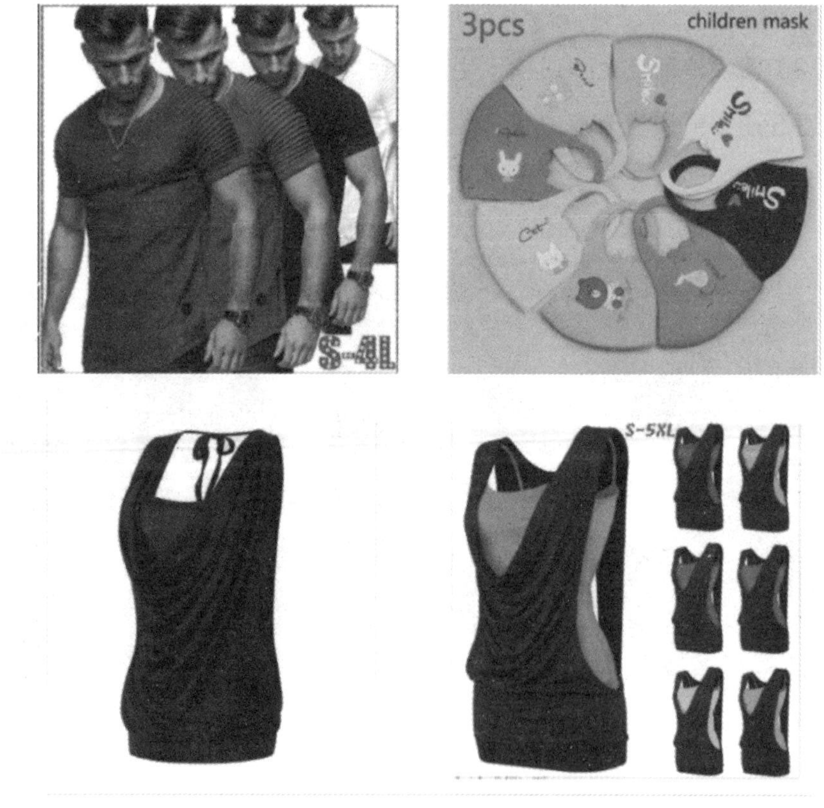

图 5-3　主图案例二

（3）注重副图配合，补充主图欠缺的特点。

产品图片展现模式改版后，副图有单独的展示页面，并不会影响产品主图的加载速度。因此，丰满的副图有利于商户快速了解产品的性能特点，如图 5-4 所示。

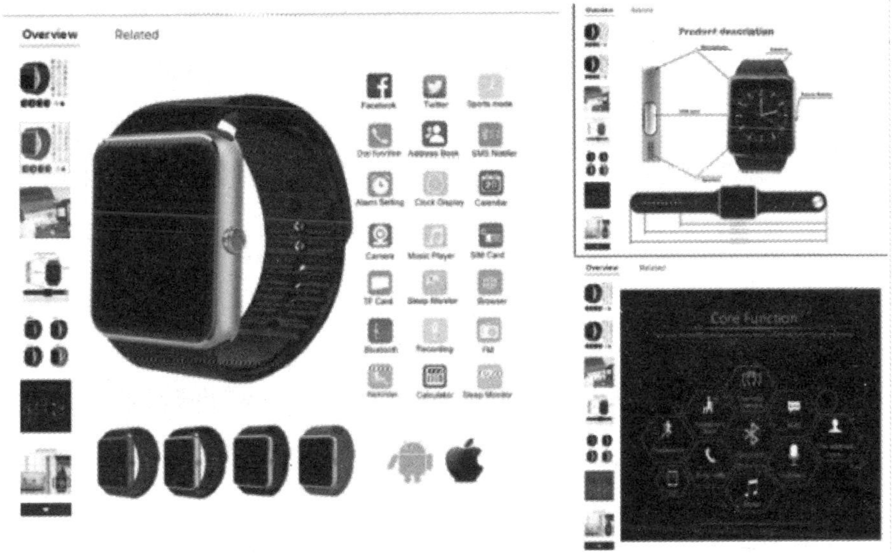

图 5-4　产品副图

（4）主图背景、风格与产品契合。

差异化主图的视觉效果，有助于顾客在一水儿的产品瀑布流中锁定产品。力所能及的商户可重新设计或优化同质化严重的图片，提高图片的吸引力，如图 5-5 所示。

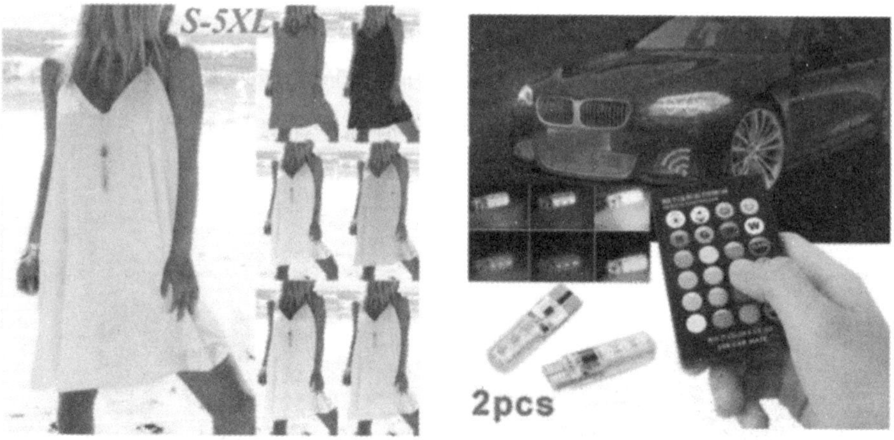

图 5-5　差异化主图

（5）测试广告数据结果，反复优化主图。

创建同个产品的多个广告活动，不断测试不同主图产品活动的相关数据效果，以数据为依据不断优化主图。

3. 标题优化技巧

（1）Wish 平台的搜索权重越来越高。

经过改版，Wish 顾客端的搜索框更加明显突出，Wish 的搜索权重正在不断被放大，标题的重要性也随之提高。

（2）产品标题可以引申为关键词。

标题的部分类目词、产品描述用词皆有可能被系统捕捉为产品关键词，从而在无形中增加产品的流量入口。此外，合适的标题也能提升广告的活动效果。

（3）标题能直白地告知顾客你的产品是什么。

除了主图，标题可以直白地告知顾客你销售的产品是什么，帮助顾客理解产品，刺激顾客点击下单，是不可或缺的产品信息。

（4）关键词优化。

随着Wish算法不断地调整优化，搜索权重不断上升，关键词的权重随之下降。

产品关键词可以以“细节描述词＋类目词”（例如：Butterfly Printed Tank Tops）、“产品大词＋类目词”（例如：Loose Camisole）等方式进行排列组合，搭配出多种关键词组合，如图5-6所示。

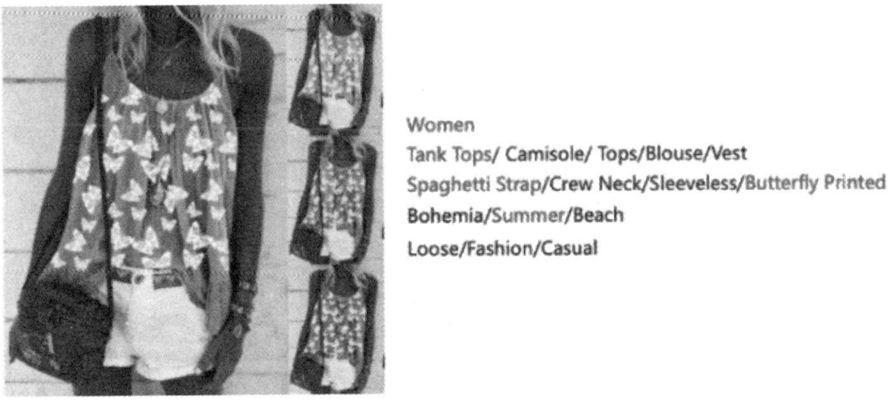

图5-6　产品标题设计

4. 合理出价的关键因素

当目标客群在高质量主图的吸引下，对产品产生了购买兴趣，那么价格就成为决定顾客是否下单的关键因素。

（1）定价要符合Wish规则。

遵守Wish政策“禁止同一产品列表中出现极端价格差异”等价格规则是合理出价的前提。

（2）了解竞争对手的价格。

了解多平台同类产品的价格，能为合理出价提供更多价格参考，锁定合理的定价区间。

（3）添加合理的引流价。

为产品增加适当的引流价，吸引更多曝光和点击。

（4）确定合理的利润空间。

为产品定价时，添加预期的利润价格。

（5）囊括合理的营销成本。

为产品定价时，应考虑包含广告活动的营销成本。

（6）设置国家运费。

针对不同国家的物流资费和退款情况，应就不同国家的运费设置不同的价格。

5. 其他权重亦不可忽视

（1）评分评价。

评分评价会影响顾客是否愿意购买产品，优质的评分天然为产品增加信任度，加强顾客对产品的信心。

（2）颜色尺码。

不同顾客有不同的色彩偏好和尺码需求。相较于缺乏丰富颜色尺码的同类产品而言，在运营能力范围内，配置更多的色彩和尺码的产品，将赢得更多顾客的青睐。

（3）产品描述。

产品描述作为产品详情页的折叠内容，建议将产品的功能介绍、细节说明、尺寸尺码、注意事项等描述模板化，在详细描述产品信息的同时，提升工作效率。

顾客在 Wish 购买产品，其实消费的是你的图片和文字所描述的产品。所以，各位 Wish 运营在操作过程中，一定不要忽略产品编辑的基本功，从小处做起迎接旺季。

一、手动添加单个新产品

首先，点击“产品→添加新产品→手动”菜单，如图 5–7 所示。然后，输入产品的基本信息。

图 5–7 “手动添加单个新产品”菜单

在“基本信息”区域，填写此产品的所有基本信息，包括名称、描述、标签和唯一 ID，如图 5–8 所示。如果有不清楚的地方，还可以单击字段名称旁边的问号，将会弹出有关该字段输入内容的帮助信息。当正确填写字段后，内容框边会出现一个绿色的“√”。注意：最多可以为产品添加 10 个标签，标签越多，用户就越容易找到您的产品。

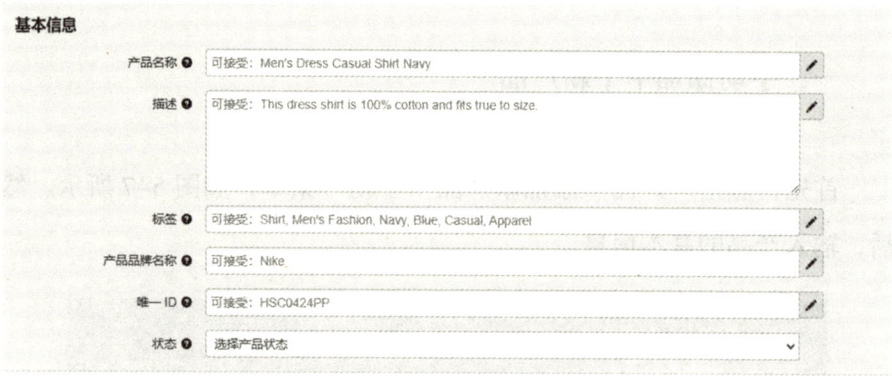

图 5-8 “基本信息”区域

在“图片”区域，可以上传产品的主图和副图，如图 5-9 所示。为产品上传多张高质量照片，可以让潜在客户体验从各个角度查看产品，并增加其曝光率。可以使用以下三种不同的方法上传图片。

（1）拖放，单击要添加的图像并将其拖到图像区域中。

（2）从计算机上传，点击“从您的计算机添加”并选择产品的图像。

（3）图片 URL，要通过网址上传产品图片，请复制并粘贴图片网址。

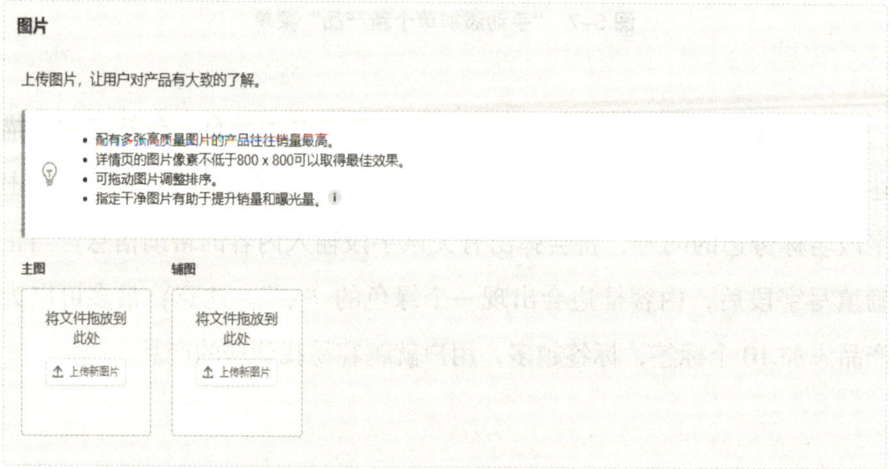

图 5-9 “图片”区域

在 Wish 主图设计的过程中一定要了解平台的机器排除算法，即一个刚上架的产品 Wish 系统会通过算法查找出该产品的相同款，再对比主图是否和平台现有的产品主图有差异化，最后决定是否进行推送。

在“库存和配送”区域，会显示本地货币，可以输入产品的本地货币代码、本地货币价格、数量、本地货币运费，如图 5-10 所示。如果本地货币代码设置为美元（$），则所有现有产品价格均已记录为美元（$），那么后续卖家无须再更新本地产品价格。该区域非必填项目，推荐美元作为本地货币。

在定价过程中，有几个注意事项：首先，产品价格必须是整数，不可以带小数；其次，Wish 平台卖家是不能直接设置包邮的，必须要设置运费，推荐其与产品售价比例为 2 : 8 或 3 : 7；最后，无论买家买了多少个产品，运费都需要乘以产品数，比如产品售价 20 美元，运费 4 美元，顾客一次购买 3 个产品，则需要支付 20 × 3+4 × 3=72 美元。

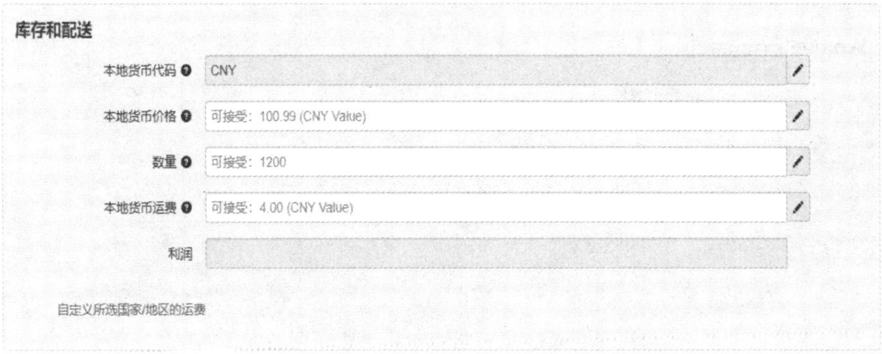

图 5-10 “库存和配送”区域

在“颜色”区域，可以为产品设置对应的颜色，如图 5-11 所示，只需选中要添加颜色的复选框。还可以在“其他”字段中添加其他颜色，然后它就会出现在此部分中。

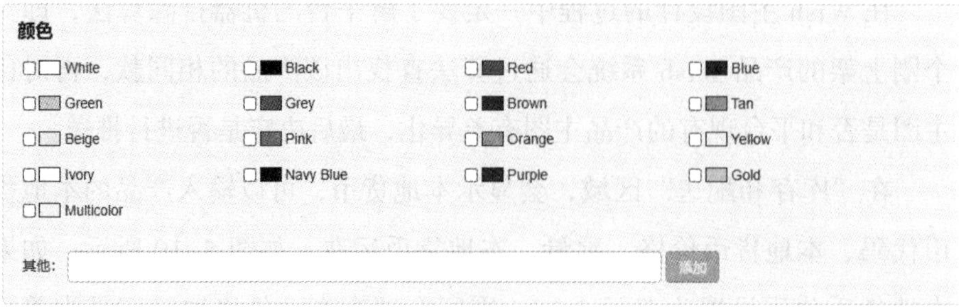

图 5–11 “颜色”区域

在“尺码”区域，可以为产品设置对应的尺码，如图 5–12 所示，选择要上传的产品类型，即服装、电子产品等。选择合适的类别后，尺码表会显示合适的尺码，接下来只需选中要添加尺码的复选框即可。

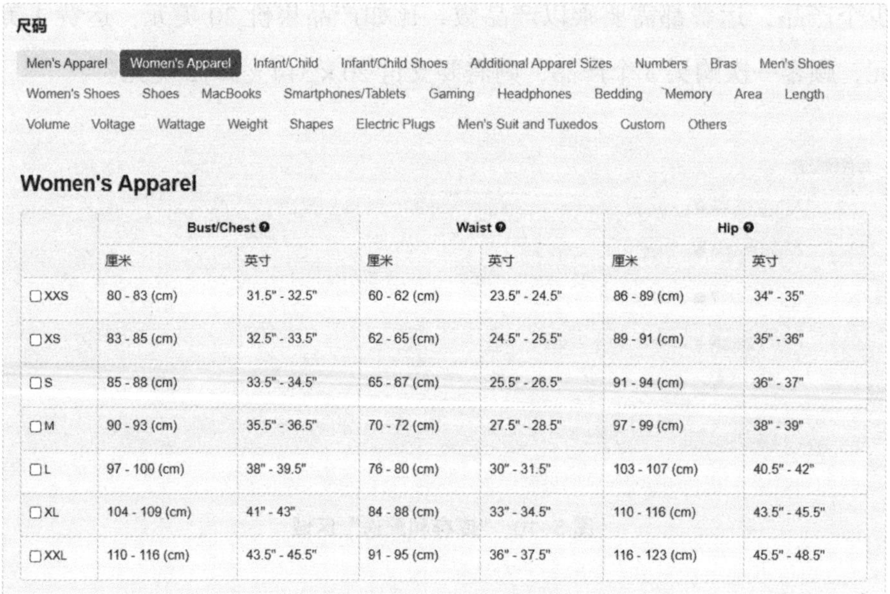

	Bust/Chest		Waist		Hip	
	厘米	英寸	厘米	英寸	厘米	英寸
XXS	80 - 83 (cm)	31.5" - 32.5"	60 - 62 (cm)	23.5" - 24.5"	86 - 89 (cm)	34" - 35"
XS	83 - 85 (cm)	32.5" - 33.5"	62 - 65 (cm)	24.5" - 25.5"	89 - 91 (cm)	35" - 36"
S	85 - 88 (cm)	33.5" - 34.5"	65 - 67 (cm)	25.5" - 26.5"	91 - 94 (cm)	36" - 37"
M	90 - 93 (cm)	35.5" - 36.5"	70 - 72 (cm)	27.5" - 28.5"	97 - 99 (cm)	38" - 39"
L	97 - 100 (cm)	38" - 39.5"	76 - 80 (cm)	30" - 31.5"	103 - 107 (cm)	40.5" - 42"
XL	104 - 109 (cm)	41" - 43"	84 - 88 (cm)	33" - 34.5"	110 - 116 (cm)	43.5" - 45.5"
XXL	110 - 116 (cm)	43.5" - 45.5"	91 - 95 (cm)	36" - 37.5"	116 - 123 (cm)	45.5" - 48.5"

图 5–12 “尺码”区域

在“产品变体”区域，会自动生成在上面选择的产品变体，如图

5-13 所示。可以设置每个变体的价格和数量。假设没有红色尺码 S，只需将数量调整为 0 即可。

图 5-13 “产品变体”区域

在“可选信息”区域，点击右侧的“+”，可以设置更多可选信息，如图 5-14 所示。可以添加建议零售价、GTIN 编码、最大购买数量、登录页面 URL。

图 5-14 “可选信息”区域

最后，点击“提交”按钮发布新产品。

二、新增产品视频功能

为了让卖家能够更好地向全球的意向用户展示产品，Wish 推出了演示视频功能，可以使用该功能上传短视频，重点展示所售产品的功能、使用场景和功效。设置完成后演示视频将在 Wish 安卓应用和 iOS 应用上通过产品的“Details”（详情）页向用户展示。具体步骤如下。

（1）选择“产品→演示视频”菜单，如图 5-15 所示。

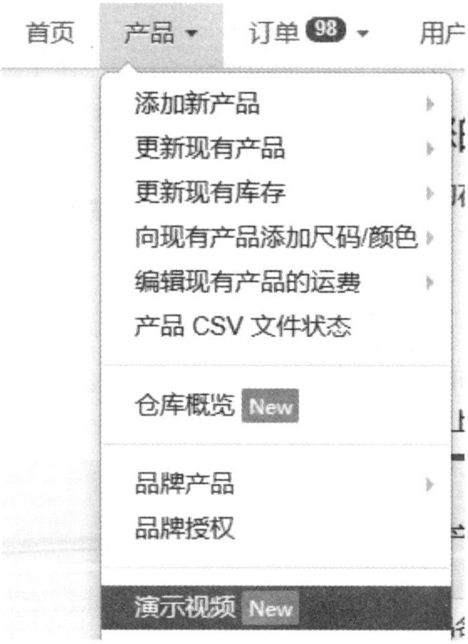

图 5-15 “产品→演示视频”菜单

（2）进入视频添加页面，可在此页面为产品添加演示视频，如图 5-16 所示。

图 5–16 视频添加页面

（3）在上传演示视频之前，请务必点击“正确示范”标签页并通读上面的信息。此标签页包含有大量的指导说明，展示什么样的演示视频才是高质量的视频，以增加产品对用户的吸引力，因此要认真学习这些信息，如图 5–17 所示。

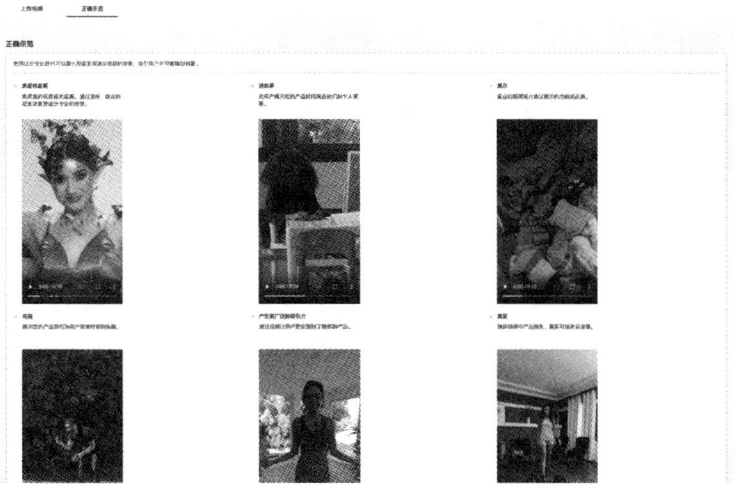

图 5–17 “正确示范”界面

（4）点击“上传视频”标签页，选择要添加演示视频的产品后，点击“添加演示视频”，将打开如下所示的界面，如图 5–18 所示。

图 5–18 “添加演示视频”界面

在此界面中，可以上传视频文件或添加视频 URL。如果原始视频的纵向宽高比不是 9∶16，也可以直接在此弹窗中将视频剪裁为要求尺寸，如图 5–19 所示。此外，如果添加的是视频 URL，则可以直接在此弹窗中预览视频。

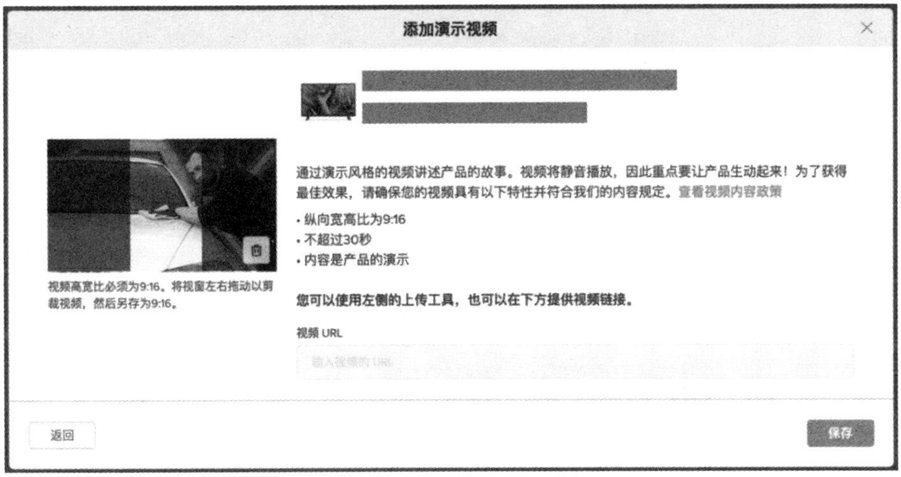

图 5-19　视频剪裁操作示意

（5）完成视频上传后，请点击“保存”按钮。

（6）此外，Wish 平台对视频还有以下要求。

· 产品演示视频不可超过 30 秒。广告式的长视频通常不能很好地突出产品的功能、使用场景和功效，因此，如果上传的视频超过 30 秒，会提示错误消息，无法再继续操作。

· 确保上传的视频小于 50MB。如果上传的视频大于等于 50MB，系统将提示错误消息。

· 确保视频的分辨率高于或等于 480p，以清晰地展示产品。低于 480p 的低分辨率，视频将被自动拒绝。理想的分辨率为 1080p 或以上。

· 不要在演示视频中添加嵌入式文本、图案叠加或动画效果。

三、批量上传产品

在 Wish 后台可以通过“产品→添加新产品→产品 CSV 文件”菜单批量上传产品，一次添加多个产品，如图 5–20 所示。

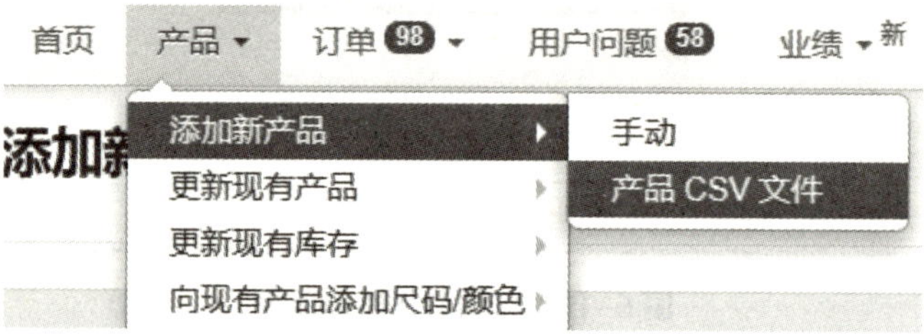

图 5–20　“产品→添加新产品→产品 CSV 文件”菜单

具体步骤如下。

（1）创建产品信息电子表格。下载模板并填写产品信息（文件名为 Wish Feed Template.xlsx）。

（2）文件的第一行列出了产品可能包含的属性。以星号（*）开头的属性是必填的，所有其他属性都是选填的，如图 5–21 所示。请注意，如果不需要为特定产品添加某属性，只需将该列移除即可。例如，要添加钱包产品，且没有尺码变体，则可以移除“Size”（尺码）列。

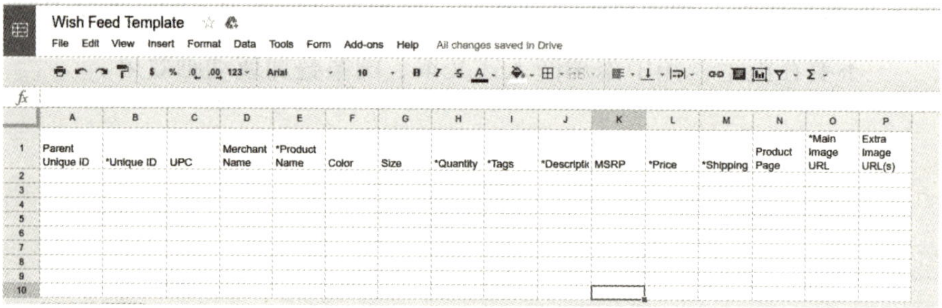

图 5–21　批量上传文件

（3）接下来要输入产品相关属性，可以先上传少量产品，以更顺利地完成整个流程，如图 5-22 所示。

	A	B	C	D	E	F	G	H	I	J	K	
1	Parent Unique ID	Unique ID	Product Name	Description	Tags	Price	Shipping	MSRP	Quantity	Color	Size	
2	TG-088	TG-088	Sleeveless High and Low Chiffon Dress	Simple, shining a	High and low dre	20	4	22	600	Mint	XS	ht
3	TG-088	TG-088_Mint_S	Sleeveless High and Low Chiffon Dress	Simple, shining a	High and low dre	20	4	22	200	Mint	S	ht
4	TG-088	TG-088_Mint_M	Sleeveless High and Low Chiffon Dress	Simple, shining a	High and low dre	20	4	22	200	Mint	M	ht
5	TG-088	TG-088_Mint_L	Sleeveless High and Low Chiffon Dress	Simple, shining a	High and low dre	20	4	22	200	Mint	L	ht
6	TG-088	TG-088_Mint_XL	Sleeveless High and Low Chiffon Dress	Simple, shining a	High and low dre	20	4	22	200	Mint	XL	ht
7	TG-088	TG-088_Pink_XS	Sleeveless High and Low Chiffon Dress	Simple, shining a	High and low dre	20	4	22	200	Pink	XS	ht
8	TG-088	TG-088_Pink_S	Sleeveless High and Low Chiffon Dress	Simple, shining a	High and low dre	20	4	22	200	Pink	S	ht
9	TG-088	TG-088_Pink_M	Sleeveless High and Low Chiffon Dress	Simple, shining a	High and low dre	20	4	22	200	Pink	M	ht
10	TG-088	TG-088_Pink_L	Sleeveless High and Low Chiffon Dress	Simple, shining a	High and low dre	20	4	22	200	Pink	L	ht
11												

图 5-22　批量上传演示文件

（4）创建好产品信息文件后，将其另存为 CSV 文件。如果使用的是 Excel，则可以点击“文件→另存为”，然后选择格式为“CSV（逗号分隔）”。

（5）在卖家平台上，登录您的账户，然后点击“产品→添加新产品→产品 CSV 文件”。选择 CSV 文件，然后点击“提交”，如图 5-23 所示。

图 5-23　上传文件

（6）如果出现属性没有一一对应的情况，则需要手动映射属性。可将文件中的属性名称与产品的属性名称进行匹配，此操作称为“映射”，可在页面左侧进行此操作。在页面右侧，可以看到正在上传的产品信息的预览。完成后点击“继续”。映射所有必填字段后，此按钮将从灰色变为蓝色，即可点击进入下一步，如图 5–24 所示。

图 5–24　手动映射属性界面

（7）当产品文件上传后，会立即收到确认通知。最多可能需要 24 小时才能完成产品的导入。要查看导入状态，可点击“查看导入状态页”按钮。

四、Wish 平台订单流程

（1）用户向某一产品下订单。

用户选择了产品，点击“购买”按钮，并完成付款步骤。用户在这一环节中会填写配送信息并支付相关费用。

（2）Wish 开始生成订单信息。

订单正在生成中（为保障用户的隐私，用户会通过与 Wish 平台对接的第三方服务商付款）。产品库存会随之减少，如果库存为 0，则产品前台展示页面将会自动变为“售罄”状态。

（3）Wish 验证订单。

Wish 将事先验证用户付款方式和订单信息是否合理。在这一过程中，如果用户没有付款成功，订单就会被取消。考虑到用户可能自行取消订单或欺诈订单的审核，这个订单将被保留 8 个小时，随后推送到未处理订单中。如果该订单触动了系统的欺诈审核机制，将进入审核流程。

卖家只需履行出现在未处理订单列表中的订单。如果某一订单需要被进一步审核，则此订单将会从该列表中消失（届时平台会通知您），如果通过审核，该订单将重新出现。

（4）Wish 给卖家发送订单通知。

通过审核后，Wish 将发送新订单邮件给卖家，并将该订单添加到卖家后台未处理订单队列中。该订单中包含了被履行时所需的一切信息，例如产品 SKU 信息（如果有的话）、用户姓名和配送地址等。

（5）卖家履行订单。

卖家必须在订单生成后的 5 天之内履行订单。如在履行订单时需要获取更多信息，可以点击“联系用户”。

（6）卖家对订单标记发货。

卖家须在卖家后台对订单标记发货。没有有效物流跟踪信息的订单将会被暂放一段时间，以应对可能因延迟到货或丢包所引起的退款。

（7）Wish 确认订单妥投。

一旦 Wish 确认订单妥投，该订单便符合放款条件了。如果要缩短回款周期，卖家须为订单提供有效的物流追踪单号，并选用快速的物流服务。

（8）Wish 将基于订单向卖家放款。

Wish 将基于订单向卖家放款（去除因卖家不当操作产生的扣款），

款项将发放至卖家所设置的收款账户里。放款是一个 Wish 平台自动操作的流程，卖家会定期收到符合支付条件的订单的款项。

（9）Wish 收集用户对卖家所提供服务的反馈。

五、订单处理

卖家需在 1~5 个自然日内履行其订单（标记发货），以便能够及时交货给用户。如果订单未在 5 个自然日内履行（标记发货），该订单将会被退款，且相关产品可能会被下架。此外，卖家还会因此被处以每个自动退款订单 50 美元的赔款。

如果卖家有需要履行的新订单，平台会每天通知一次。此通知将通过电子邮件发送到卖家提供的地址。当卖家登录卖家平台时，也会在标签页旁边看到一个红色的通知标记。其中的数字表示“订单→未履行的订单”页面上有多少个未确认或尚未发货的订单，如图 5-25 所示。

图 5-25 “订单”菜单提示

订单履行，先点击“订单→未履行的订单”菜单，进入“未履行的订单”界面，如图 5-26 所示。

图 5–26 “未履行的订单”界面

单个订单履行操作，选择对应订单，点击右侧的“履行”按钮，跳转至“履行订单”界面，卖家可以在此输入订单的发货国 / 地区、物流单号和备注信息，如图 5–27 所示。注意：必须提供有效的物流单号才能获得付款。填写所有信息后，点击右侧的“履行订单”按钮，以完成订单履行，并将订单标记为已发货。

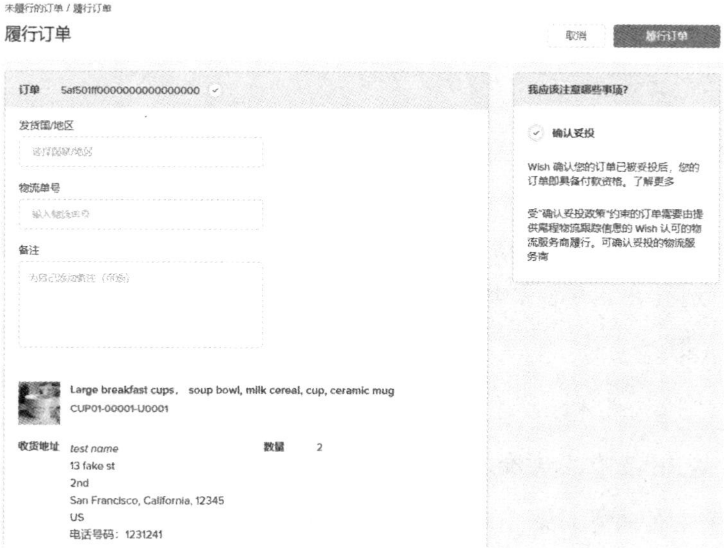

图 5–27 “履行订单”界面

如果要同时履行多个订单，只需选中这些订单，然后点击界面上方的“履行”即可，如图 5–28 所示。

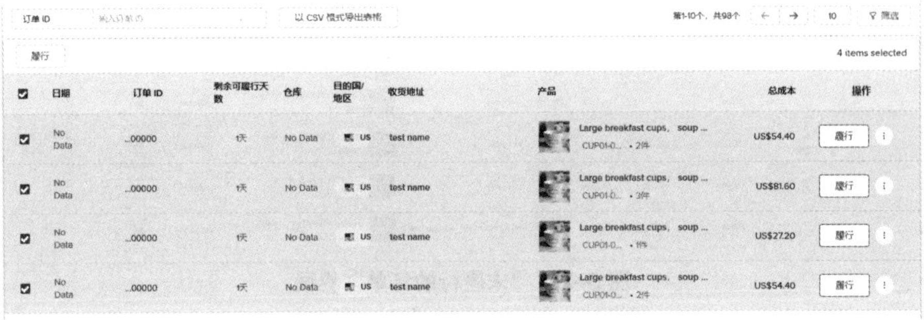

图 5–28 “同时履行多个订单”界面

系统跳转至“履行订单”页面（与上面显示的“履行订单”页面类似），卖家可在此填写所选订单的相关信息。不要忘记仔细检查，确保正确填写每个订单的物流服务商和物流跟踪信息。

订单标记发货后，将被移到“订单→历史记录”页面。同时，用户将收到订单已发货的通知（及物流跟踪信息）。

课后习题

1. 选择题

1）Wish 产品售价与邮费比例一般是（　　）。

A.8：2 或 7：3　　B.9：1

C.5：5 或 4：6　　D.2：8 或 3：7

2）Wish 某产品售价是 7 美元，邮费是 2 美元，某买家买了 2 个产品，需要支付的费用是（　　）。

A.9 美元　　B.16 美元

C.18 美元　　　　　　D.14 美元

3）最容易被推送的 Wish 主图是（　　）。

A. 图片画质好的　　　　B. 图片是白底的

C. 图片采用拼图形式的　　D. 图片与其他同类产品完全不一样

4）Wish 上发布不同长度的数据线，应该选用（　　）尺码模板。

A.Men's Apparel　　　　B.Smartphones

C.Length　　　　D.Numbers

5）卖家必须在订单生成后的（　　）天之内履行订单。

A.2　　　　B.3

C.4　　　　D.5

2. 分析题

Wish 平台在发布产品时，标题设计是否重要？该如何来设计？

第六章

跨境物流

开篇案例

做好 Wish，物流应更重直邮还是海外仓

本案例来自 Wish 官方活动里的一次辩论赛，两队辩手都是来自企业一线的主管，辩论主题是“做好 Wish，物流应更重直邮还是海外仓”。

正方观点：做好 Wish，应该将更多的重心放在直邮上

正方一辩：从宇

第一，直邮选品更加灵活。

Wish 拥有众多的年轻受众，他们对 SKU 的喜新厌旧程度高，为了迎合偏好新鲜的消费者，我们必须要在选品上做到快速反应，灵活选品，迎合市场需要。

精准选品是做好 Wish 的第一步。直邮的方式能保证我们快速灵活、精准高效地选品，而海外仓选品代价高，库存挤压和处理的难度高，选品的机动性较差。

第二，直邮的库存控制难度低。

海外仓发货包含的费用众多，即便海外仓产品在一段时间内能够热销，但一旦海外仓卖家选品不当，很容易造成货物滞销、大量库存挤压，这部分库存不但不能变现，还会增加库存管理和销毁成本。

直邮的低库存风险，是做好 Wish 的第二步。对于直邮卖家来说，一旦市场风向有变，这种小数量备货、高效退货的方式可以快速调整库存管理，减少库存积压风险。

第三，海外仓物流成本高。

海外仓费用包含头程、仓租、处理费、尾程费，以及非常有可能产生的税费、销毁费、转仓费等。即使产品在一段时间内热销，但一旦产品滞销，仓租都是按天计算，对于中小卖家而言是较难承受的。

相比之下，直邮费用低廉可控，更便于卖家降低物流成本和销售价格，也可将更多的资金用于供应链管理和选品。总而言之，成本控制是做好 Wish 的第三步。

正方二辩：毛润亮

第一，直邮模式的资金可控性更高。

我认为直邮模式更优的原因在于资金的可控性更高。以低客单价产品为例，考虑到利润率和汇率等因素，海外仓运费成本和售价相比直邮而言都要高。

第二，直邮模式的销售风险更低。

从物流上来看，海外仓模式需要垫付近两成的运费，才能实现同等毛利率的利润。

从售价上来看，海外仓虽然提高了用户体验，但同时也使得商品客单价提高，反而降低了消费者的购物欲望，从而导致库存积压，使得流动性进一步降低。

从选品上来看，为了迎合海外仓，卖家不得不选用高客单价产品进行售卖，存在着较大的备货压力和资金风险。

第三，直邮更便于把控供应链。

我认为把重心放在直邮上的另一个大优势在于能极大优化卖家对自身售卖产品供应链的管控。

无论是网采型卖家还是垂直类目型卖家，直邮方式对供应链时效的要求都更高，根据目前平台上网时效和赔款政策的要求，一条具备 2～3 天供应时效的供应链和一条只能适配 7～15 天海外仓备货时效要求的供应链，哪家更有优势？我相信，具备更高效供应链的卖家运用海外仓模式也只是信手拈来罢了。

正方三辩：曾旭明

做好 Wish 的目的是赚钱，赚钱务必要控制成本和规避风险，海外仓的成本和风险是具备一定实力的卖家才能承受的。

海外仓成本分为头程费用、尾程费用、仓库费、订单处理费、销毁费、调仓费、关税等费用。其中头程分为空运和海运，空运的时效快，但是利润低、物流费用高。如果是走海运，正如我方二辩所言，销量 100 件 / 天的产品，直邮只需备货 700 件货物。若是备海外仓，则至少要备 4000 件货物，这样的资本压力和回款速度是小卖家较难承受的。

海外仓固然有众多利好，但一旦选品和库存把握不善，卖家面临的将是死库和现金流断裂。想做好 Wish，一定要稳中求胜，深耕产品、多精铺产品、多测试产品，如此循环定会成为流量的宠儿。以直邮为主、海外仓为辅，旺季一到流量随风起，订单将会扶摇直上九万里！

反方观点：做好 Wish，应该将更多的重心放在海外仓上

反方一辩：曹小天

第一，更好的用户体验将提高复购率。

海外仓发货相比直邮能更快地满足买家的时效要求。一般情况下，直邮订单要 15~45 天才能妥投，海外仓订单要 3~5 天，甚至当天就能妥投。买家当然希望产品又好又快地到达手上，高效的物流体验将提高产品的复购率，带动产品销量。

第三，海外仓订单的回款速度更快。

对于卖家而言，现金流是至关重要的。现金流在于店铺的回款时效，相比两三个月才能回款的直邮订单，海外仓订单只需 15~30 天就能到账，从而保证健康的现金流，提高抗风险能力。

第三，海外仓有助于提高人效。

海外仓运营无须像直邮一般事无巨细，卖家可以将更多的时间、精力用于产品研发、推广和运营，不仅能够研发出更多的爆款，还能维护好现有产品的各项指标。

反方二辩：黄远欣

第一，海外仓订单的风险更低。

直发物流较难解决重货、大货等产品的发货难题，此外直邮还存在丢包的现象，尤其在旺季期间，直发物流往往因为爆仓问题，导致无法及时发货，物流指标不断下滑，影响产品表现，白白丢失了产品的爆单机会。

第二，海外仓日益成熟，获得的权益越来越多。

海外仓不仅在服务、覆盖地区等方面日益完善，在流量加持和汇款

速度等方面也加大了对卖家的扶持。最重要的是，物流是Wish当下和未来重点打造和完善的区块，积极拥护平台方向、尊重平台选择，将获得更多的项目权益和政策倾斜。

正如刚刚宣布的FBS物流项目，所有这些平台重点扶持的物流项目，都是中小卖家不可多得的逆袭突破口。

反方三辩：张翔宇

关于对方的陈诉，我有三点反驳。

第一，直邮小包虽然便利，但也意味着与全平台的商家竞争，难以筑造自己的护城河，风险难控。

第二，物流更新迭代的方向是更快，而不代表更便宜。小包采购便利，使得众多卖家出现抄卖现象，对抄卖依赖程度高的卖家，反而是抗风险最弱的卖家，而且Wish也一直严控抄卖行为。

做好直邮是Wish卖家最擅长的事，但想要把Wish做好的卖家，不能仅限于做好小包，而是应该尝试海外仓，尝试更加有难度但远期收益更大的物流模式，从而拓展商业版图，增强综合实力。

第三，海外仓投入大，同时也代表着收益大。没有投入的生意即没有产出的生意，在跨境电商逐步成熟化的今天，打造海外仓是高筑公司壁垒的必要手段。

此外，当下直邮成本也在逐步提高，且物流不可控因素频频出现，导致直邮投入未必比海外仓小，与此同时直邮产品利润相对单薄，那么卖家该如何盈利呢？

因此，我总结了以下三点。

第一，想要做好Wish，必须顺应行业趋势。布局海外仓不仅是Wish的趋势，也是每一个成熟跨境电商平台的趋势。

第二，从 Wish 不断出台的各项政策和功能来看，Wish 尤其重视用户体验。海外仓产品的高效物流意味着更好的用户体验，从而能获得更多 Wish 的流量扶持，例如店铺排名。从用户体验的角度来说，在有一个强大对手的情况下，通过物流抢占市场是必经之路。此外，Wish 用户需求多样，海外仓可以开发众多直邮难以运营的产品，这亦是一种取得优势的途径。

第三，对方强调资金的抗风险能力，其实最重要的是要有健康的现金流。高客单价产品在应对所有物流风险的波动时，拥有更好的抗风险能力。此外，直邮的汇款速度慢，这部分资金是你难以利用的，相比之下，海外仓的货物也是现金流的一种，海外仓卖家可以尝试各种方式让货物流转起来，从而变成现金。

我认为，要做好 Wish，应该将更多的重心放在拥有更多远期收益的海外仓上，而不是只专注于已经做得很好的直邮上。

小结

辩论赛的结果不是最重要的，也不是唯一的，辩论赛是一个思维不断碰撞的过程，在辩论赛中探索出更多的思路和解决方案，从正反阵营的论点中挖掘可以利用的观点，才是各位卖家最应该关注的事。

关于“做好 Wish，物流应更重直邮还是海外仓”，希望大家能够兼听各方建议，从而找到适合当下的物流方案。

一、邮政物流

1. 中国邮政国际小包

中国邮政国际小包（简称中邮小包）是指重量在 2 千克以内，外包装长宽高之和小于 90 厘米，且最长边小于 60 厘米，通过邮政空邮服务寄往国外的小邮包。

中邮小包可以分为平邮小包和挂号小包两种。两者主要的区别在于：挂号小包提供的物流跟踪条码能实时跟踪邮包在大部分目的国家的实时状态；平邮小包不受理查询，但能通过面单条码以电话查询形式查询到邮包在国内的状态。

中邮小包的优点如下。

· 运费比较便宜，这是其最大的优点。部分国家运达时间并不长，因此其属于性价比较高的物流方式。

· 邮政的包裹在海关操作方面比快递简单很多，享用“绿色通道”，因此小包的清关能力很强，覆盖面非常广。

· 中邮小包本质上属于“民用包裹”，并不属于商业快递，因此该方式能够邮寄的物品比较多。

中邮小包的缺点如下。

· 限制重量 2 千克，如果超出 2 千克，就要分成多个包裹寄递，甚至只能选择其他物流方式。

· 运送的时间总体比较长，像有的国家超过 40 天才显示买家签收都是正常现象。

· 有许多国家不支持全程跟踪。

总的来说，中邮小包是属于性价比较高的一种物流方式，适合寄递物品重量较轻、量大、价格要求实惠而且对于时限和查询要求不高的产品。

2. ePacket

俗称 E 邮宝，是中国邮政速递物流旗下的国际电子商务业务。E 邮宝目前可以发往美国、澳大利亚、英国、加拿大、法国、俄罗斯等国。

E 邮宝的体积和重量限制如下。

· 最大尺寸：单件邮件长、宽、厚合计不超过 90 厘米，最长一边不超过 60 厘米。圆卷邮件直径的两倍和长度合计不超过 104 厘米，长度不得超过 90 厘米。

· 最小尺寸：单件邮件长度不小于 14 厘米，宽度不小于 11 厘米。圆卷邮件直径的两倍和长度合计不小于 17 厘米，长度不少于 11 厘米。

· 单件最高限重 2 千克。

E 邮宝的优点如下。

· 美国费用较低。

· 美国时效较快。

E 邮宝的缺点如下。

· 开通国家较少。

· 欧洲费用较高。

3. 中国邮政航空大包

俗称“中邮大包”或“航空大包”，分为中国邮政航空 Air 大包、航空水陆路 SAL 大包及水陆路大包。中邮大包可寄达全球 200 多个国家和地区，价格低廉，清关能力强，对时效性要求不高而重量稍重的货物，可选择使用此方式发货。

中邮大包的优点如下。

· 成本低。以首重 1 千克、续重 1 千克的计费方式结算，价格比 EMS 低，较商业快递有绝对的价格优势。

· 可通达全球大部分国家和地区，且清关能力非常强。

· 运单简单、快捷、单一，操作方便。

中邮大包的缺点如下。

· 部分国家限重 10 千克，最重也只能寄递 30 千克。

· 妥投速度慢。

· 查询信息更新慢。

二、商业快递

1. TNT 快递

TNT 快递的运费包括基本运费和燃油附加费两部分，其中燃油附加费每个月都会发生变动，以 TNT 网站公布的数据为准。TNT 快递对包裹的重量和体积均限制为：单件包裹不可以超过 70 千克，三条边分别不可以超过 2.4 米、1.5 米和 1.2 米，体积重量超过实际重量的需按照体积重量计费，体积重量的算法为长 × 宽 × 高 /5000（长、宽、高的单位均为厘米）。

2. UPS

即联合包裹服务公司。UPS 国际快递小型包裹服务对重量和尺寸的要求：每个包裹最大重量为 70 千克；每个包裹最大长度为 270 厘米；每个包裹尺寸（长 + 2× 宽 +2× 高）不超过 330 厘米。

3. FedEx

即联邦快递，分为中国联邦快递优先型服务（International Priority，IP）和中国联邦快递经济型服务（International Economy，IE）。联邦快递单件最长边不能超过 274 厘米，最长边加其他两边的长度的两倍不能超过 330 厘米；一票多件（其中每件都不超过 68 千克），单票的总重量不能超过 300 千克，如超过须提前预约；单件或者一票多件中单件包裹有超过 68 千克的，需要提前预约。

4. DHL 国递快递

DHL 对寄往大部分国家的包裹要求为：单件包裹的重量不超过 70 千克，单件包裹的最长边不超过 1.2 米。不过，也有部分国家的要求不同，具体以 DHL 官网公布的为准。

5. Toll

即环球快递，是 Toll Global Express 公司旗下的一个快递业务。Toll 到澳大利亚、泰国、越南等地区的价格较有优势，其首重、续重要求均为 0.5 千克，对包裹的重量限制为 15 千克，体积重量超过实际重量的需按照体积重量计费，体积重量的算法为长 × 宽 × 高 /5000（长、宽、高的单位均为厘米），单件货物任何一边的长度如超过 120 厘米，则需加收额外的操作费。

6. 顺丰速运

近年来，顺丰积极拓展国际件服务，目前已开通美国、日本、韩国、新加坡、马来西亚、泰国、越南、澳大利亚等国家的快递服务。顺丰并未对重量进行限制，300 千克以上的货物也可被接受，但其对体积进行了限制，具体为 200 厘米 ×80 厘米 ×70 厘米。

三、专线物流

1. 燕文专线

这是北京燕文物流公司旗下的一项国际物流业务。其中的燕文俄罗斯专线小包，与俄罗斯合作伙伴实现系统内部互联，一单到底，全程无缝可视化跟踪。国内快速预分拣，快速通关，快速分拨派送。

2. Russian Air

即中俄航空专线，是通过国内快速集货、航空干线直飞，在俄罗斯通过俄罗斯邮政或当地落地配进行快速配送的物流专线的合称。中俄航空专线下面有 Ruston 专线，俗称俄速通，是由黑龙江俄速通国际物流有限公司提供的、针对跨境电商客户物流需求的中俄航空小包专线服务，渠道时效快速稳定、全程物流跟踪服务。

3. Aramex 快递

在国内也称为“中东专线”，是发往中东地区的国际快递的重要渠道。创建于 1982 年，其强大的联盟网络覆盖全球。总部位于中东，是中东地区的国际快递巨头。

四、Wish Post

即“Wish 邮”，是由 Wish 和中国邮政共同推出的 Wish 专属卖家跨境电商物流产品。“Wish 邮”可为 Wish 优质卖家提供专属的集货仓、专线产品、专业仓储等为一体的物流解决方案。

“Wish 邮”系统是如何对接 Wish 平台的呢？

第一种情况：卖家使用第三方系统（如通途、马帮、普源、店小秘、芒果等）。

（1）登录“Wish 邮”网站，在寄件人地址簿设置寄件人地址并设为默认。

（2）API 接口设置中，在自定义字符串里输入任意字符点击提交，获取 API 秘钥（授权码）。

（3）和第三方系统进行对接设置。

（4）确认运单格式和信息，确认无误后即可开始发货。

第二种情况：卖家自有系统。

（1）登录“Wish 邮”网站，在寄件人地址簿设置寄件人地址并设为默认。

（2）API 接口设置中，在自定义字符串里输入任意字符点击提交，获取 API 秘钥（授权码）。

（3）在帮助中心下载 API 技术文档，进行 API 数据对接。

（4）确认运单格式和信息，确认无误后即可开始发货。

第三种情况：卖家没有使用系统。

（1）登录“Wish 邮”网站，在寄件人地址簿设置寄件人地址并设为默认。

（2）申请运单。

第一步，点击“创建运单”，输入寄件人信息（系统自动采用默认地址），如图 6–1 所示。

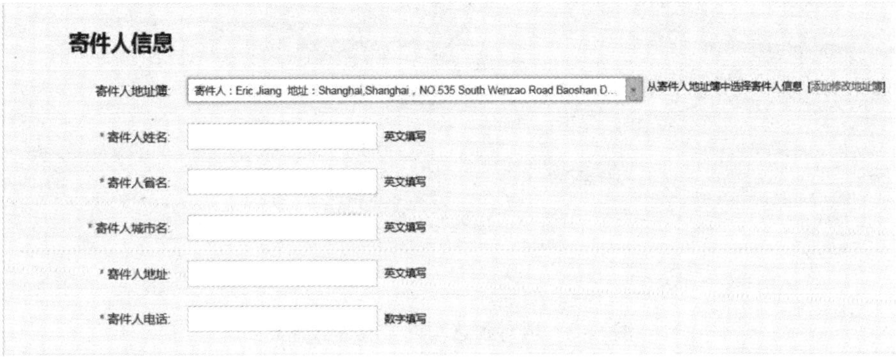

图 6–1　输入寄件人信息

第二步，输入收件人信息，所有信息用英文填写，收件人国家在下拉菜单中选择即可，如图 6–2 所示。

图 6–2　输入收件人信息

第三步，如果收件人的信息是到达国语言的格式，例如寄送到俄罗斯的包裹，如果有俄文的收件人地址信息，则请填写当地语言的地址信息，并在打印面单时选择到达国语言地址，如图 6–3 所示。

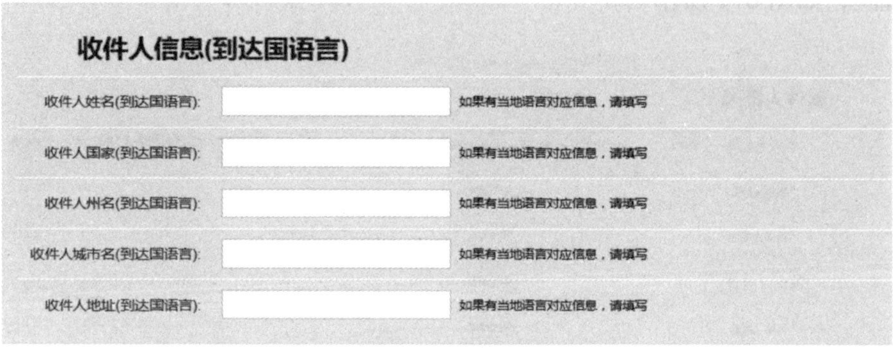

图 6–3　填写到达国语言收件人信息

第四步，在“邮件信息”栏目中选择或填写相关的内容，请注意参照每个字段后面的提示信息，按照要求填写。除“用户自定义”字段外，其他字段都是必填项。“用户自定义”是用于卖家填写自定义的信息，例如订单号、货物编号、货物库位号、SKU 码等，卖家可以按照自己的需求填写相关信息，如图 6–4 所示。

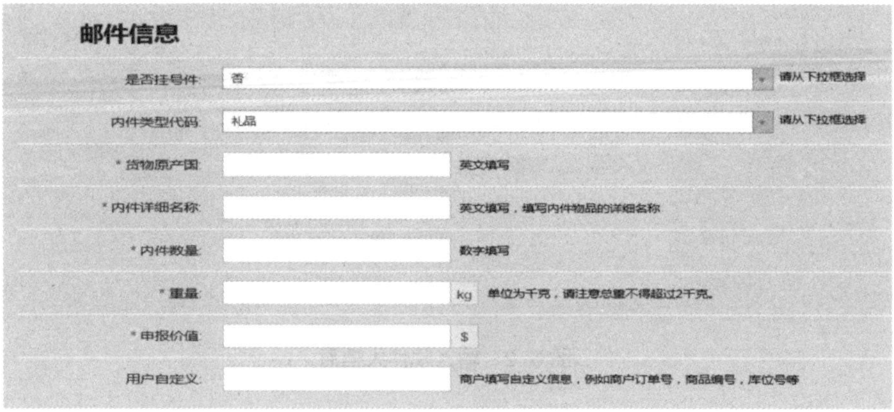

图 6–4　填写邮件信息

第五步，填入 wish 平台交易号和交易金额，如果是非 wish 平台订单，则输入原平台的交易号即可，如图 6-5 所示。

图 6-5　填写交易信息

第六步，填写完毕后，点击提交，完成“创建运单”。

“Wish 邮”最后生成的运单必须符号国际快递的规范，务必生成如下规范运单。

挂号包裹规范运单要求，如图 6-6 所示。

· 挂号件单号为 13 位 RQ+9 位数字 +CN。

· 左上角寄件人信息完整。

· 寄件人地址为默认的“Wish 邮”发运地址。

· 右下角有“已验视”的字样。

· 条形码前的“R”表示挂号包裹。

图 6-6　挂号包裹规范运单

普通包裹规范运单要求，如图 6-7 所示。

· 挂号件单号为 01 开头的 11 位数字。

· 左上角寄件人信息完整。

· 寄件人地址为默认的“Wish 邮”发运地址。

· 右下角有“已验视”的字样。

· 条形码前的“untracked”表示普通包裹。

中国邮政 CHINA POST | Small Packet BY AIR | CL32 | wish邮

From：[redacted]
No.1208 Baise Road,Wish storehouse,Xuhui District Shanghai China,200237
Phone：[redacted]

Ship To：Pilar Guerra Calderon
Tupungato 10051, Dpto 104, Vitacura, Santiago, RM, Chile, 7650165
Chile 6 智利
Phone：56999648451

自编号：

untracked
01670385922

退件单位: 中国邮政集团公司上海市邮政物流分公司

Description of Contents	kg.	Val(US $)
Jewelry Accessories×1	0.050	1.70
Total Gross Weight（Kg）	0.050	1.70

I certify that the particulars given in this declaration are correct and this item does not contain any dangerous articles prohibited by legislation or by postal or customers regulations.

Sender's signiture& Data Signed: 2015-10-29

已验视

图 6-7　普通包裹规范运单

五、Wish Express

由于 Wish 有较多从中国发货的订单，总体配送时效较慢，为了增加用户体验，Wish 平台开发了 Wish Express 项目，用户通过它可以选择更快速的配送服务，一方面让用户建立对卖家的信任，另一方面卖家也能因为快速配送而获得更高的曝光量，并吸引更多的回头客。

1. 加入 Wish Express 可以获得的权益

（1）增加产品曝光量。

（2）订单更快获得付款资格。

（3）在 Wish 平台上显示特有的橙色卡车徽章，突出展示产品。

（4）在 Wish 平台上设立专门的“Express”页面展示 Wish Express 产品。

2. 加入 Wish Express 的条件

所有卖家均可自动加入 Wish Express，无须额外注册或申请。是否符合 Wish Express 资格取决于卖家为产品和各目的国 / 地区设置的“最长妥投天数”，妥投时限不含双休日，同时可以提高 Wish Express 的运费。

具体来说，对于仓库中的商品，如果卖家将 Wish 支持配送的任意目的地的“最长妥投天数”设置为 5 个工作日或更少（卖家政策中列出的 12 个国家 / 地区除外，例如，Wish Express 法国路向的“最长妥投天数”须为 6 个工作日或更少方可视为 Wish Express 产品），则相关产品将被视为 Wish Express 产品，并有资格享受相应的福利。

3.Wish Express 产品的前后台展示效果

可以通过卖家后台上的“产品→查看所有产品“菜单，找到 Wish Express 产品，这些产品的“产品 ID”下有一个橙色的卡车徽章，如图 6–8 所示。

图 6-8　后台 Wish Express 产品

在 Wish 平台中，所有 Wish Express 产品都带有一个特殊的橙色卡车徽章，表示它们参加了 Wish Express 项目，如图 6-9 所示。同时，可以根据不同的配送速度，设置不同价格的邮费。

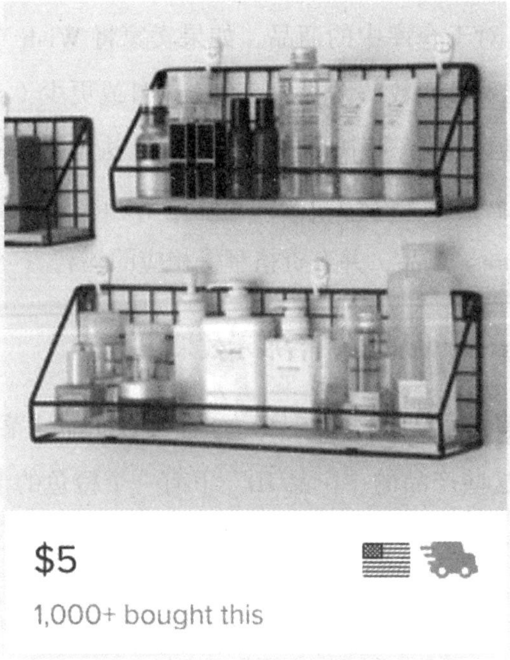

图 6-9　前台 Wish Express 产品

4. 查看 Wish Express 订单

通过卖家后台上的“订单→未履行的订单或订单→历史记录页面“菜单，找到 Wish Express 订单，这些订单都带有特殊的标记，例如，在“未履行的订单”页面上，显示有橙色卡车徽章的订单就是 Wish Express 订单，如图 6-10 所示。

图 6-10　Wish Express 订单

六、海外仓与仓库设置

在前面的 Wish Express 项目中要达到常见的 5 个工作日妥投，常规的物流都比较困难，商业快递费用又比较高，所以基本上能加入 Wish Express 项目的卖家都是采用了海外仓。当启用海外仓以后，国内仓库也继续运营，那么，Wish 后台要如何来设置呢？在这里，Wish 平台采用了以下两种仓库类型：标准仓库（主仓库）和二级仓库。

1. 标准仓库（主仓库）

（1）此仓库存放标准配送产品。这是卖家的主仓库。

（2）中国卖家主仓库一般都在国内。

（3）从主仓库配送的订单必须通过 Wish Post 履行。

（4）订单的配送速度由 Wish 估算并显示给用户，卖家无法自行设置或调整。

（5）卖家可为主仓库中的产品设置“最长妥投天数”。根据设置的“最长妥投天数”，某些产品或可享受 Wish Express 权益。

2. 二级仓库

（1）二级仓库可配送至任何 Wish 支持的目的国 / 地区，这些目的国 / 地区可在配送设置中启用。

（2）二级仓库实际上就是卖家设在中国大陆以外的海外仓库。二级仓库中的库存就是海外库存。

（3）二级仓库产品的订单可以使用任何可接受的物流服务商配送。

（4）卖家可为二级仓库中的产品设置“最长妥投天数”。根据设置的“最长妥投天数”，某些产品或可享受 Wish Express 权益。

3. 创建二级仓库

第一步，在卖家后台上，点击“产品→查看所有产品“菜单，界面将显示“STANDARD（主）”标签页，旁边有一个“+”按钮。点击“+”按钮即可创建新的二级仓库，如图 6-11 所示。

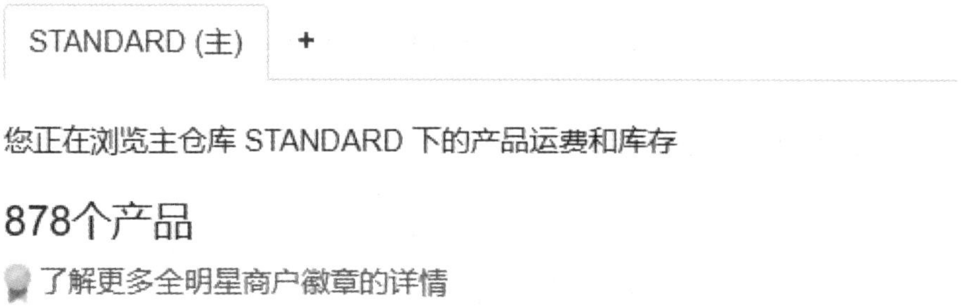

图 6-11　创建二级仓库界面

第二步，在随后出现的“添加二级仓库”弹窗中，输入新建二级仓库的详细信息，并选择仓库的目的国 / 地区（新创建的二级仓库可以配送至多个目的国 / 地区），如图 6–12 所示。请注意，仓库创建完成后，将无法再编辑目的国 / 地区。为新仓库输入所有详细信息后，点击“添加”按钮。至此，新的二级仓库即创建完毕。

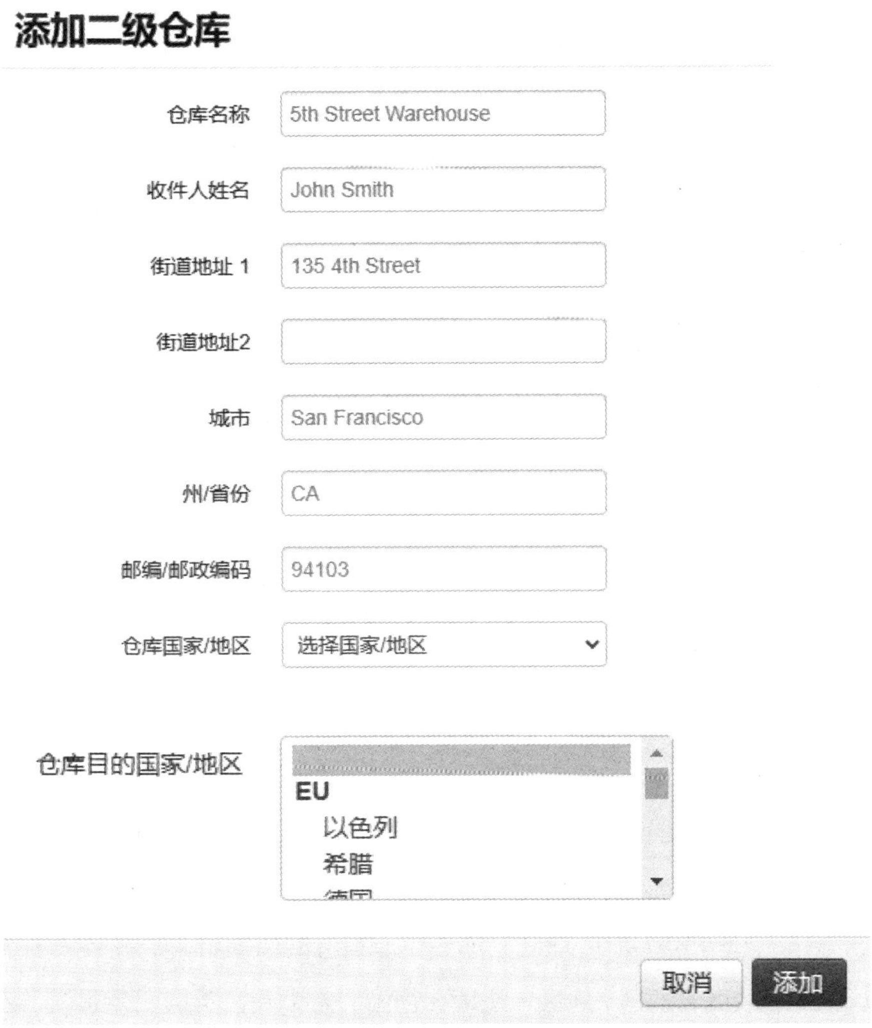

图 6–12　添加二级仓库所需信息

添加新仓库后，系统将跳转回“查看所有产品”页面，并显示新添加的二级仓库标签页。在此页面上，主仓库中的所有产品都被自动复制过来，库存数量均默认为 0。

第三步，可以为二级仓库中的产品设置正确的库存数量。除此之外，还可以按每个产品的每个目的国 / 地区配置配送选项（运费和“最长妥投天数”）。

在“查看所有产品”页面上，只需点击相应产品的“国家 / 地区运费”下方的“启用”链接，即可转到该产品的国际配送选项编辑页面。在此页面上，您可以为所有启用的目的国 / 地区（包括 Wish 支持的澳大利亚、巴西、法国、西班牙和美国境内的次区域）设置运费和“最长妥投天数”。

七、FBW 认证海外仓

Fulfillment By Wish（FBW）是 Wish 推出的一个物流项目，主要服务配送北美和欧洲地区主要市场的卖家。卖家只需将库存运送至位于美国和欧洲的几个指定的 FBW 仓库即可，履行订单的操作（分拣、打包和配送）将由 FBW 仓库负责完成。

1.FBW 仓库介绍

目前，Wish 有两个仓库可供卖家使用。一个是 FBW-US-PLG 仓库，位于美国俄亥俄州，目前仅支持配送到美国，以后可能会增加支持的地区。另一个是 FBW-EU-AMS 仓库，位于荷兰阿姆斯特丹，支持发货到以下 21 个欧洲目的国 / 地区：法国、德国、意大利、英国、爱尔兰、西班牙、荷兰、瑞士、挪威、丹麦、比利时、匈牙利、波兰、拉脱维亚、爱沙尼亚、捷克、芬兰、卢森堡、瑞典、奥地利和葡萄牙。

进入卖家后台后，选择“FBW →创建配送计划”菜单，会直接显示账户当前可以使用的具体仓库。

2. 使用 FBW 的优点

第一，FBW 可以完成产品的仓储、打包和配送工作，让卖家专心优化产品，不用操心物流问题。Wish 将承担所有与物流相关的退款责任。

第二，由于 FBW 提供快速物流服务，FBW 仓库中的库存会被自动视为 Wish Express 产品，因此产品在 Wish 网站或 Wish 应用上获得的曝光量平均可增加 3 倍。

3. 注册并使用 FBW

（1）在卖家后台上创建一个将库存运送至 FBW 仓库的配送计划。

· 在卖家后台上，点击“FBW →创建配送计划”菜单，进入相关界面，如图 6–13 所示。

图 6–13　创建配送计划

· 接下来，选择要添加到配送计划中的产品。可以选择将 Wish 推荐的热销产品添加到配送计划中，也可以自己手动添加 SKU。如需查看 Wish 精选产品并将其添加到配送计划，以便利用 FBW 更快捷的物流服务和较低的运费，请前往“选择产品”部分下相应的选项卡进行设置，如图 6–14 所示。

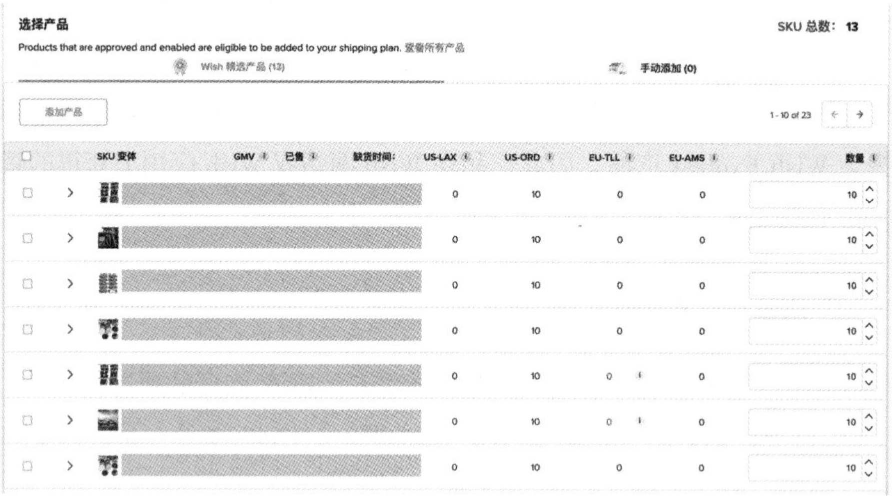

图 6–14　Wish 精选产品

· 若要手动选择添加到该配送计划的产品，请切换到“手动添加”选项卡，然后点击下方的“添加产品”按钮，如图 6–15 所示。此时将弹出弹框，在弹框中手动将产品添加至配送计划。

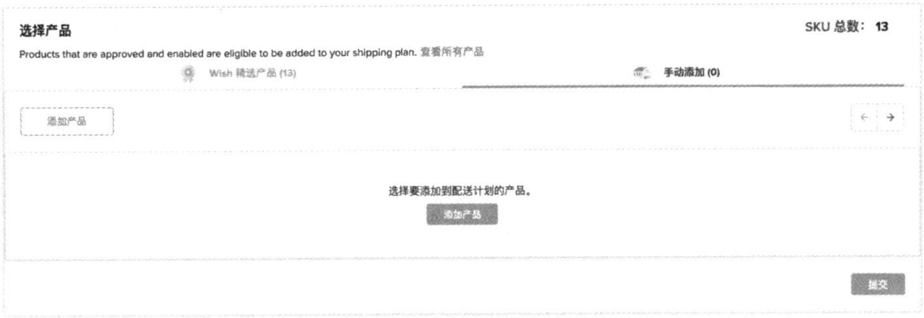

图 6–15 “手动添加”选项卡

可以通过产品 ID 或产品 SKU（可以在产品→查看所有产品页面下找到，也可以在弹窗的建议消息框中点击“查看所有产品”查找）手动选择产品。完成后，点击要添加到此配送计划的产品或 SKU 旁边的复选框，然后点击“添加到配送计划”即可关闭窗口，如图 6–16 所示。

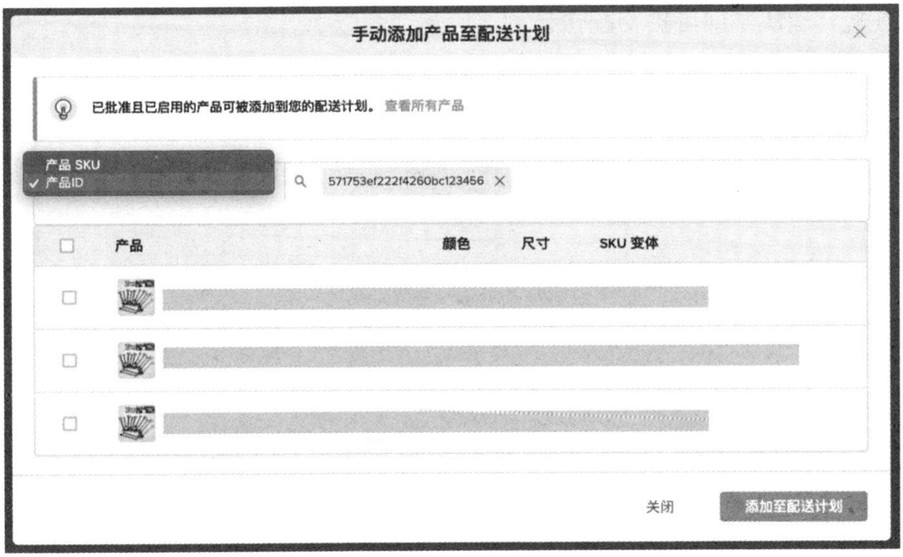

图 6–16 手动添加产品至配送计划

· 返回“创建 FBW 配送计划”页面，可以在“选择产品”部分下的

“手动添加”选项卡中查看手动添加的产品 SKU，如图 6–17 所示。

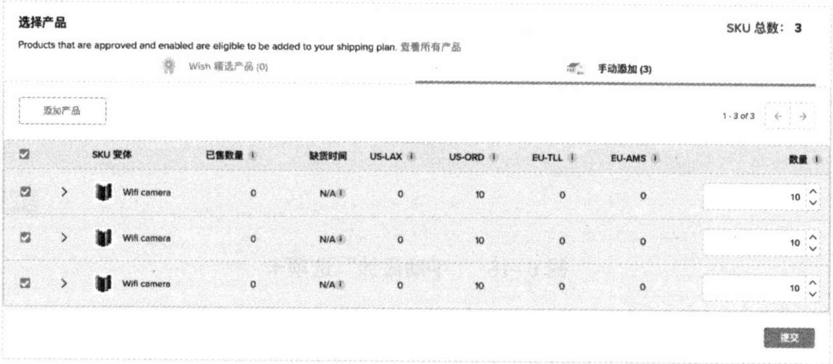

图 6–17　查看手动添加的产品 SKU

· 选择入仓地区并选择 SKU 后，即可提交配送计划。点击页面底部的“提交”，将出现“确认”弹窗，如图 6–18 所示。核对相关信息后，点击“确认”即可提交配送计划。

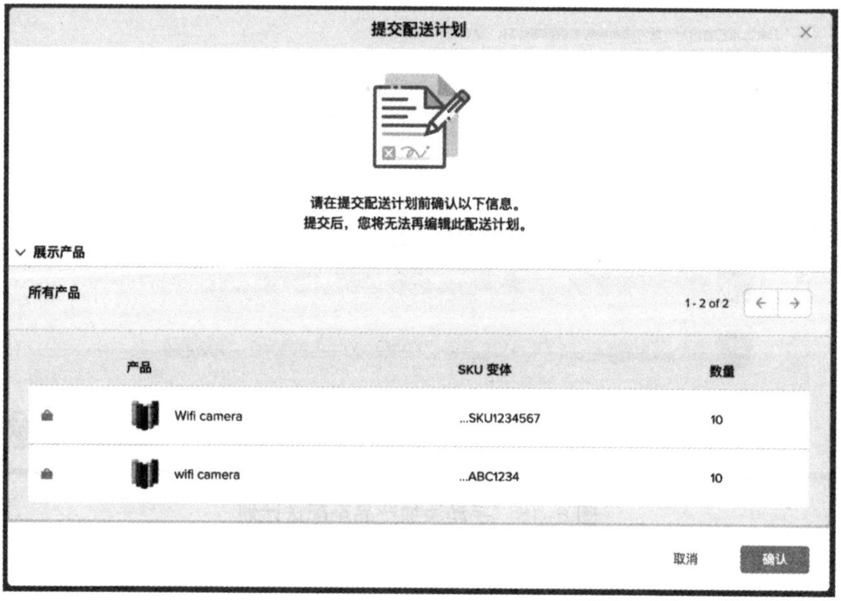

图 6–18　确认信息

·此时页面将跳转至“FBW 配送计划详情”页面，您可以查看刚刚创建的配送计划相关情况，如图 6–19 所示。

图 6–19　FBW 配送计划详情

可以在此页面设置运费、查看如何包装运送至 FBW 仓库的产品，并下载所选收货仓库的箱体标签 / 装箱清单，如图 6–20 所示。

图 6–20　SKU 面单

· 最后，前往“待处理的 FBW 配送计划”页面，查看待处理的 FBW 配送计划详情，如图 6–21 所示。

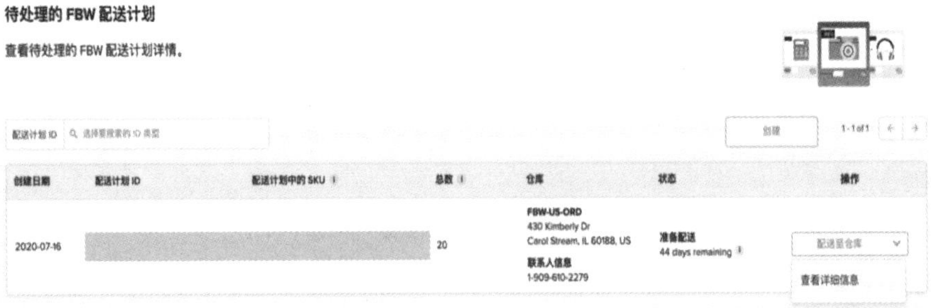

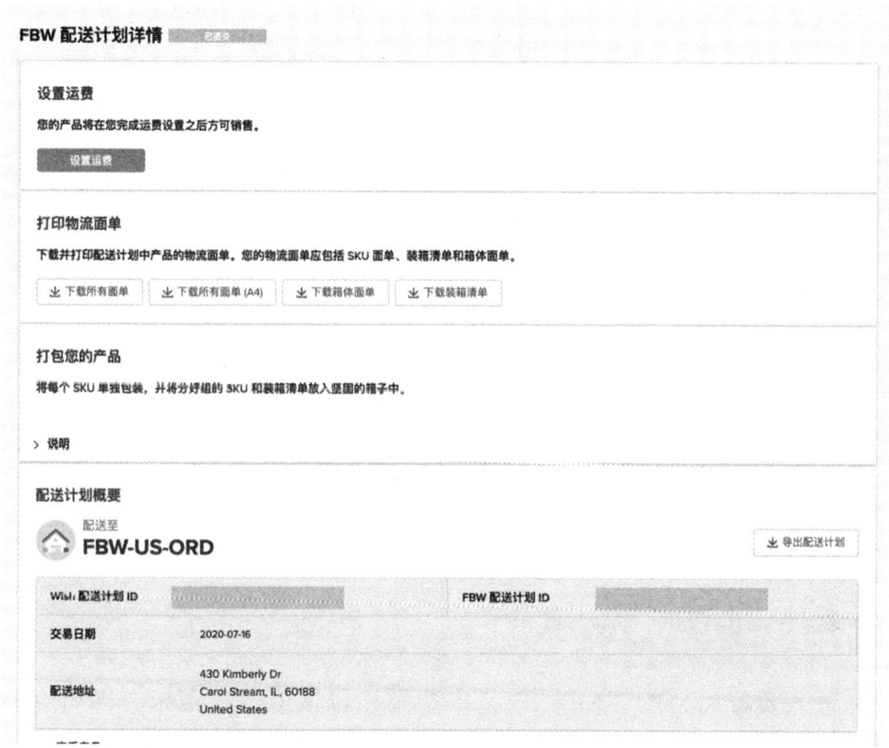

图 6–21 “待处理的 FBW 配送计划”页面

（2）成功创建配送计划后，即可开始安排将库存运送至相应的 FBW 仓库。请及时将产品运送至相应仓库（建议在创建配送计划后的 6 个工作日内完成），可以通过卖家平台的“FBW →待处理配送计划”页面来设置。若要查看已完成或已取消的配送计划，请前往“FBW →配送计划历史记录”页面。

（3）可以通过自己的物流服务商和 / 或货代直接将库存运送至仓库。产品在美国海关或荷兰海关的清关工作由卖家自行负责，因此请与您的货代协调完成清关事宜。

（4）库存运抵仓库后，通常需要 2 个工作日才能完成入库操作。

在入库操作完成之前，您的库存将处于“待入库”状态。完成入库操作后，库存将变成“库内活跃产品”状态，此时产品即可供销售，如图 6-22 所示。请注意，库存可能会分装在多个箱子中，并在不同的日期运抵仓库。在这种情况下，会看到待入库的库存分批逐步变成活跃状态。

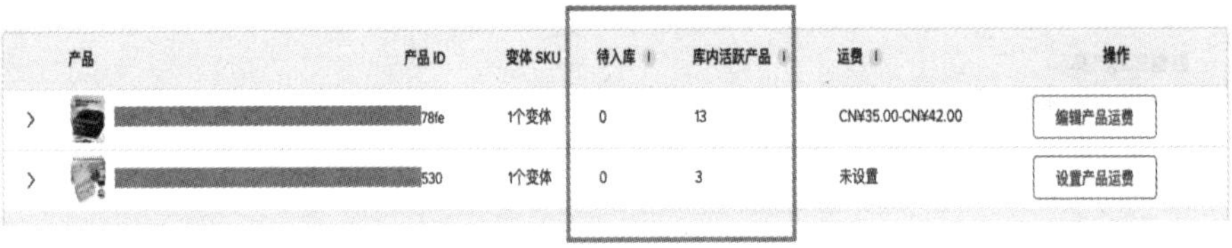

产品	产品 ID	变体 SKU	待入库	库内活跃产品	运费	操作
[redacted]	78fe	1个变体	0	13	CN¥35.00-CN¥42.00	编辑产品运费
[redacted]	530	1个变体	0	3	未设置	设置产品运费

图 6-22 “库内活跃产品”状态

4. FBW 的费用

进入卖家后台的“FBW →基本费用和付款信息”菜单，即可查看每个 FBW 仓库的详细收费标准。仓库会根据包裹的称重收取相应运费。系统会自动从您的账户余额中扣除每个结算周期产生的费用，所以，无需预付这部分费用。FBW 订单将在标记发货日期后的 48 小时获得付款资格。

5. FBW 仓库产品建议

卖家应优先选择以往在 Wish 上热销的产品。FBW 将通过增加产品供应量和缩短妥投时间来吸引更多用户。在全球范围内具有广泛吸引力且不受季节趋势影响的产品，也是加入 FBW 的理想选择。基于历史销售数据，官方建议加入 FBW 的每个 SKU 库存为 20 ~ 100 个。

章末案例

海外仓：三季度的热卖产品，不只是户外

Wish 官方培训经理 Cindy 推荐了三类主流且有效的海外仓选品逻辑。

（1）海外仓高销售额产品。这类产品的销售周期长，海外仓渗透率高，具备一定的销售基础，商户可以借助供应链和服务优势，打开海外仓市场局面。

（2）重量适合加入海外仓的产品。这类产品克重较重，海外仓渗透率低，具有一定的产品壁垒，商户可选择蓝海类目入手打造海外仓产品壁垒。

（3）部分直邮产品。相比直邮，海外仓的物流成本优势明显，将部分直邮爆款产品加入海外仓，能节省运费成本，提高用户体验。

根据 Wish 官方数据，我们发现，销售额高同时海外仓渗透率较高的产品主要分布在这 5 个类目名下：Hobbies、Automotive、Home Decor、Gadgets 和 Makeup & Beauty，如图 6-23 所示。

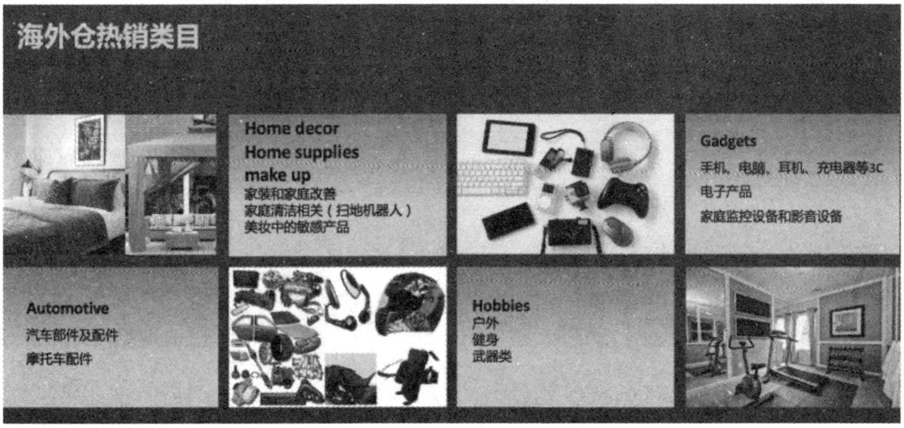

图 6-23　海外仓热销类目

热销的海外仓产品主要有以下两种类型。

第一类，高价值、高克重的产品。高价值、高克重的海外仓产品加入海外仓后，往往能凭借其快速的妥投时效、优质的物流服务获得用户的青睐。

第二类，敏感类产品、有物流限制的产品。液体膏状、粉末状等形态的美妆产品走直邮渠道限制多，但凭借海外仓能快速打开市场局面。

总体而言，物流快、产品好、服务稳是海外仓产品成为用户首选的最主要原因，尤其在疫情期间，快速满足居家办公、学习的日常所需是购物的主要考量因素。

海外仓热销产品呈现明显的月度更替现象。如图 6-24 所示，从第一季度到第四季度，海外仓热销产品不断更替。第一季度海外仓热销产品多是“汽配产品”，第二季度多是“家电产品”，第三季度多是“家居、装修产品”，第四季度由于假期众多，产品多集中在“派对、户外、园艺和娱乐产品”上。

图 6-24　Wish 海外仓每月热销产品

我们以 2021 年第三季度为例，分享一下该季度的海外仓热销类目，如图 6-25 所示。

图 6-25　Wish 海外仓第三季度热销产品

热销类目一：Home decor。

由于欧美国家疫苗逐步普及，用户对庭院露台、户外聚会等场景的产品需求增加。草坪养护、园艺装饰、割草机、杀虫剂等产品热度上升。

热销类目二：夏日珠宝配饰。

由于聚会限制放松，适合家庭聚会、婚礼聚会、毕业季等场景佩戴的珠宝配饰销售出现回暖。

热销类目三：Hobbies。

在第三季度热销的 Hobbies 海外仓产品有自行车配件、健身配件和船配件。值得一提的是，全球三大自行车赛事的预热与举办刺激了自行车配件产品的销量。

课后习题

1. 选择题

1）中国邮政小包只能发（　　）千克以内的包裹。

A.1　　B.2

C.5　　D.10

2）E 邮宝的特点是（　　）。

A. 费用高　　B. 欧洲速度快

C.10 千克以下都支持　　D. 美国速度快

3）商业快递的特点是（　　）。

A. 费用低速度慢　　B. 费用低速度快

C. 费用高速度慢　　D. 费用高速度高

4）下列关于 Wish Express 描述不正确的内容是（　　）。

A. 会有更多的流量

B. 加入 Wish Expres 的产品前台有黄色小车图标

C. 可以设置不同的邮费

D. 产品必须在 3 天内送到

5）下列（　　）项不是 FBW 负责项目。

A. 配送到海外仓　　B. 分拣

C. 打包　　D. 配送

2. 分析题

假设您在运营一家服装类 Wish 店铺，现在是 4 月份，请调查海运物流速度，现在往海外仓配送哪个季节的服装最合适？为什么？

第七章

产品定价策略

开篇案例

Wish 产品如何定价

小张刚从事Wish平台运营岗位，不知道如何来给产品定价，于是决定去咨询业务主管李经理。

产品定价还真是门大学问。定价高了，容易吓跑买家，没有销量没有曝光，而定价低了，利润空间又非常狭小。下面，就听李经理重点说说该如何给Wish产品定价。

影响Wish定价的因素有很多，特别是对于资金不是很充足的卖家来说，这些因素会考虑得更多。相反的，如果你资金雄厚，那么这些问题都不成问题。

紧随市场风向，掌握市场动态，会对产品定价有很大的帮助。

1. 市场因素

市场因素这块，市场供需对产品的影响较为明显，当一款新产品突然一夜成为爆款之后，疯狂的推崇容易导致的一个结果就是供不应求，物以稀为贵，如果你有货源，那么价格自然可以定高一些。不过，新产品上市一段时间之后，涌入的各种商家也会开始大量铺货，这时候给买家的选择就变得多样化，利润被稀释之后，自然而然价格也会随之下降。

跨境电商的运营中，一般都有专门的选品人员，这样的结果就是各行各业的产品更新换代速度加快，当一款与爆款功能等都相似的新产品出现时，爆款对于买家的吸引力自然就会下降，降价也在情理之中。

2. 竞争对手的价格

无论是哪一款产品，Wish 平台上在售的卖家都不在少数，卖家间有时候需要有更多的了解，知己知彼，良性竞争，很多时候，定价都会以竞争对手的价格作为参考。

销售的目的当然是盈利，毕竟卖家不是慈善家，利润这个指标想必大家都是很重视的。与利润息息相关的就是产品成本、产品定价和产品销量，三者有着密切的联系。

3. 产品成本

Wish 平台不像亚马逊那样需要支付平台月租，但是会收取 15% 的佣金，最好的方式就是把这笔佣金费用计入产品定价上，转嫁给买家分摊。

4. 生产成本

一般来说，大多数卖家都没有自己的工厂，只能找代工厂，或者直接找成品，这时候耗费的采购成本以及运输成本等费用，也是产品定价的重要参考指标。

5. 其他因素

如果是企业入驻 Wish，就不得不考量预期利润以及品牌定位了。对自己产品的前景以及利润做出合理的预估，根据品牌定位设置不同的定价，这些都是企业产品定价需要做的。

而 Wish 平台的绝大多数个人卖家也不能忽略利润预估以及品牌意识，除此之外，做些适当的营销推广，根据不同地区的消费者习惯给出不同定价，会有不一样的效果。

影响产品定价的因素多种多样，关键是需要了解市场行情，在卖家间相互比价，第三方数据分析网站上的卖家定价信息都是透明的，具有一定的参考价值。

一、产品进货成本计算

在 Wish 平台中，产品的价格由卖家决定，很多时候为了确保利润，会采用成本定价法结合竞品定价法来定价，所以需要明确计算产品的各项成本，接下来我们将通过 Excel 工具来帮助卖家合理地计算各项成本。

在 Wish 平台中有部分卖家（特别是新卖家）采用无库存模式经营，以避免囤货的压力。当有国外买家下单后，国内卖家从 1688 等国内电商处单件或小批量进货，然后再发跨境物流到国外买家。所以，这里需要先清楚地计算这部分的进货成本。

该成本主要由货物价格和国内运费两部分组成。如图 7-1 所示，下列产品来自 1688 的跨境专供栏目，支持一件代发，跨境包裹重量为

0.35 千克，产品价格为 45 元，以上海为例，国内运费为 6 元，可以简单地计算出产品进货成本为 45+6=51 元。

图 7-1　跨境产品示例

如表 7-1 所示，在 Excel 表格中，只要输入产品单价、进货数量、物流成本，就可以自动计算出总成本和单个成本。后期如果产品成熟了，可以小批量进货，拿到更优惠的进货价，同时降低国内物流的成本。

表 7-1　国内进货成本计算

货物名称	物流方式	进货成本				
		单价¥	进货数量	物流成本¥	总成本¥	单个成本¥
摇头小风扇	邮政普通小包	45	1	6	51	51
摇头小风扇	邮政挂号小包	45	1	6	51	51

二、跨境物流费用计算

在跨境物流中，每个物流的收费都是不一样的，如果要手动计算跨境物流费用非常浪费时间，所以在这里也通过 Excel 表格来自动计算物流费用，如表 7–2 所示，需要填写的项目如下。

（1）产品包装好的重量，在图 7–1 所示的产品页面信息里已经说明是 0.35 千克。

（2）这里物流方式以邮政平常小包和挂号小包为例。邮政平常小包费用是每千克 85 元，没有挂号费；邮政挂号小包费用是每千克 90.5 元，挂号费 8 元（费率仅做参考，最终以实际费率为准）。

（3）当公司业务量大的时候，可以在邮政拿到相应的折扣，这里可以输入折扣率，在本例中默认没有费率折扣。

（4）当完成重量、出口数量、物流的每千克计算费用、挂号费、折扣后，通过 Excel 表会自动计算出出口物流成本。一般公司里每种物流方式的每千克计算费用、挂号费、折扣不怎么变化，所以一次填好后就不需要更改，计算新产品的时候，只要输入产品包裹重量、出口数量即可。

表 7–2 跨境物流费用计算

货物名称	物流方式	出口物流成本					
		重量kg	出口数量	每公斤计算费用￥	挂号费￥	折扣	总出口物流成本￥
摇头小风扇	邮政平常小包	0.35	1	85	0	100%	29.75
摇头小风扇	邮政挂号小包	0.35	1	90.5	8	100%	39.675

三、产品定价

计算完国内进货成本和跨境出口物流成本，还没有结束，因为还要考虑 Wish 平台的佣金、产品的退货率和货币汇率。所以，这里也可以通过 Excel 表格来自动计算产品成本价和产品利润，如表 7–3 所示，需要填写的项目如下。

· Wish 平台常见的退货率是 3%~6%，为了保险起见，这里设置为 5%。

· 平台常规类目的佣金是 15%，所以这里的结算费率是 85%。

· 以即时的美元汇率为准，这里暂写为 6.4。

· 当这些输入完成后，会自动计算出保本的定价。需要注意，Wish 平台的定价只能是整数，如果是小数的话，则自动进位为整数。

· 参考保本定价和竞品的定价可以设置自主定价，据此查看在不同物流方式下，最终产品的利润是多少。

表 7–3　产品定价计算

货物名称	物流方式	平台与产品定价				汇率	利润 ¥
		退货率	结算	保本定价（售价+运费）$	自主定价（售价+运费）$		
摇头小风扇	邮政平常小包	5%	85%	16	19	6.4	21.85
摇头小风扇	邮政挂号小包	5%	85%	18	19	6.4	9.589706

到此就基本完成了产品的定价，完整的表格如表 7–4 所示。

表 7–4　产品定价和利润计算工具

货物名称	物流方式	进货成本					出口物流成本						平台与产品定价				汇率	利润 ¥
		单价 ¥	进货数量	物流成本 ¥	总成本 ¥	单个成本 ¥	重量 kg	出口数量	每公斤计算费用 ¥	挂号费 ¥	折扣	总出口物流成本 ¥	退货率	结算	保本定价（售价+运费）$	自主定价（售价+运费）$		
摇头小风扇	邮政平常小包	45	1	6	51	51	0.35	1	85	0	100%	29.75	5%	85%	16	19	6.4	21.85
摇头小风扇	邮政挂号小包	45	1	6	51	51	0.35	1	90.5	8	100%	39.675	5%	85%	18	19	6.4	9.589706

注意：10 美元以上售价的产品，Wish 平台要计算妥投率，邮政平常小包不推荐。

课后习题

1. 选择题

1）Wish 平台常规类目的佣金是（　　）。

A. 5%　　B. 10%

C. 15%　　D. 20%

2）1688 进货的优势是（　　）。

A. 价格便宜　　B. 运送速度快

C. 竞争对手少　　D. 可以不用囤货，运营成本低

3）下列（　　）项不用计入产品成本。

A. 进货价　　B. 国内物流费

C. 国际物流费　　D. 员工薪资

4）通过工具计算下列产品的保本定价为（　　）：采用邮政平常小包 85 元 / 千克，一单买一双，跨境包裹重 0.3 千克，美元汇率 6.6，退货率 5%，公司在上海。

A. 6$　　　　B. 7$

C. 8$　　　　D. 9$

5）通过工具计算下列产品的保本定价为（　　）：一单买一件，采用邮政挂号小包 90.5 元 / 千克，挂号费 8 元，跨境包裹重 0.6 千克，美元汇率 6.6，退货率 7%，公司在上海。

A. 6$　　　　B. 7$

C. 8$　　　　D. 9$

2. 分析题

在 1688 上找出一款您认为可以在 Wish 上架的产品，并计算它的合理售价。参考选择题 4 和 5 里面的物流价格，写出产品相关信息和您选择的物流方式价格。

第八章

ProductBoost

开篇案例

Wish 卖家利用 PB 选品，一年 GMV 猛增 1.9 倍

广袤中国，诞生了包括“女装之都”杭州、“男装之都”宁波、男女服装“双响炮”温州以及广州等各大产业集群地，外贸从业者纷纷选品拿货、下海经商。而来自宁波爱凯国际贸易有限公司的这位卖家，借助 Wish 平台销货，短短一年 GMV（Gross Merchandise Volume，即商品交易总额）竟增加了 190%！同为选品卖货，她的跨境出海为何能掀起这么大的水花？

宁波爱凯 Wish 事业部市场总监 Amilia 表示：“海外消费者对产品个性化、丰富性的需求较高，所以卖家的选品渠道不能太过局限。而且选品要以数据作为参考，不能用主观的个人喜好去判断。”从跨境电商卖家从事的行业来看，包括 Wish、阿里巴巴全球速卖通、亚马逊、eBay 等平台的销售数据，都是卖家挖掘时下行业热销品的有力渠道；爬虫网站推荐的热卖款，也可以通过数据分析和产品甄选决定选品与否；与厂商合作的跨境供应卖家或是与卖家合作的供应商，如果他们有推荐合

适的新品，同样可以作为选品的依据；此外，卖家还可以借助 Tiktok、Instagram、Pinterest 等外网搜索和收集相关的选品资讯，并将设计理念转化为产品，安排国内工厂进行生产。

值得注意的是，选品也需要考虑到季节因素。举例来说，一般情况下，爱凯会选择 30% 的春季款，70% 的夏季款，诸如泳衣、连衣裙等。面对已经到来的春季，他们会提前 2～3 个月，准备应季的服装产品。为什么要提前这么久选品，且在春天时就开始筹备夏季新款呢？原来，选定产品后通常推爆这款产品需要花费的宣传周期为 1～2 个月，按照时间推算，倘若卖家太晚选春季产品，可能产品热销期无法与季节重合；而在春季时提前选品甚至上架夏季款，也是一样的道理，借此可以很好地酝酿产品数据，为夏季的销量增长和爆发做好铺垫。

如何借助 PB 关键词，筛选出单的爆款产品？爆单与否，在质不在量，可面对海量选品和 Wish 平台推送算法的复杂性，卖家究竟该怎么筛选出好的易于出单的产品呢？

对此，Amilia 坦言："我们做得比较多的主要有两点，首先是有效利用平台 PB 关键词，从中可以了解近期的热销服装类型，其次是培养大量的运营人员每天进行海量选品，通过 PB 筛选出容易出单的服饰类产品，并根据出单产品去深挖其他类似产品。"

据悉，Wish 平台每周六都会在"关键词工具"页面中更新 PB 关键词列表，那么，此时毫无选品思路的卖家便可在该页面中，通过搜索相关产品的关键词了解平台在线产品售卖情况、市场反馈及行业竞争现状。例如，以"dress"为例，当卖家在搜索框输入该关键词后，系统会自动展示与之相关的结果，比如"(woman's) dress""one-piece dress"等，这些查询结果就是消费者搜索较多的热度词。与此同时，卖家还可以看到这个关键词在平台同行卖家中的竞争情况、会有多少卖家使用该关键词等。

可具体该怎么操作，才能在一年时间内使 GMV 增加 190% 呢？Amilia 介绍道：第一轮，他们会在预估整体费用不超标的情况下，将每个新品都作为 PB 选品，开展 PB 计划；第二轮，根据测试产品的出单情况二次筛选产品，保留出单的产品继续开展 PB；第三轮，再依据出单情况筛选出较有爆单潜力的 PB 选品，进行重点培养。

一、ProductBoost 的概念

ProductBoost 是 Wish 平台的一种能为商家产品吸引更多流量的广告形式，它是通过卖家自设活动预算和竞价，对每千次流量的展现进行记费的推广形式。ProductBoost 可结合卖家提供的数据和 Wish 的后端算法，提升相关产品的曝光量。卖家可为产品提交为期一周的推广活动。

ProductBoost 工具并不作用于客户端的日常推送，而是专门针对消费者在 Wish 客户端的搜索和相关产品页面的产品展示，通过匹配消费者的搜索词和产品 PB 的关键词，进行展示。

ProductBoost 有如下几个优点：使自己的产品更短时间地适应市场；使自己的产品获得更好的销量；使自己的产品在众多产品中脱颖而出。

二、创建 ProductBoost 推广活动

（1）在 ProductBoost 菜单中选择“创建活动”，如图 8-1 所示。

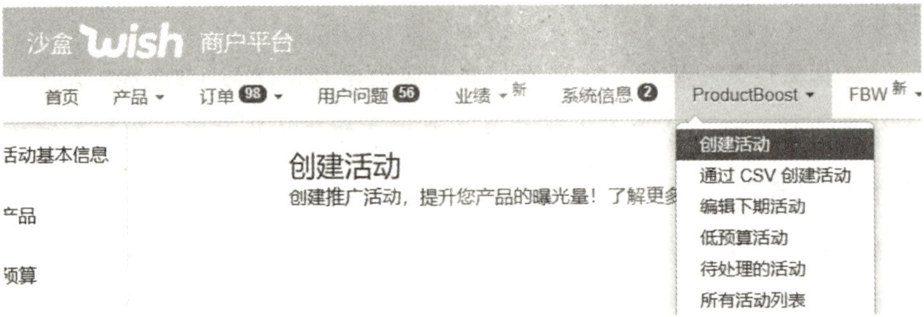

图 8–1　创建活动

（2）填写推广活动的基本信息，如图 8–2 所示。

· 推广活动名称，这是店铺识别推广活动的方式。请注意，所有推广活动都有唯一的推广活动 ID。

· 开始时间和结束时间，这两个字段分别表示活动预计何时开始、何时结束，可以相应地选择开始日期和结束日期。平台会建议卖家将首次参加 ProductBoost 的产品在一个活动中放置至少 28 天，以便于平台的算法系统了解哪里是最佳投放位置。

· 卖家可以选择启用 IntenseBoost 功能。开启此功能后，产品将会更快地获得曝光，同时推广费用也相对更高。具体而言，若产品的 ProductBoost 活动开启了 IntenseBoost，将在曝光度更高的优质位置展示该产品。此功能对新上传的产品和曝光量较低的产品尤其有帮助，但卖家必须根据投放的数据考虑投入产出比。

图 8-2 填写活动基本信息

· 所选产品必须符合所有的 Wish 政策。平台保留删除不符合 Wish 政策的推广活动产品的权利。可以按 ID、SKU 或名称查找产品，每个推广活动最多可以添加 200 个产品，如图 8–3 所示。

图 8–3 选择推广产品

· 可以使用关键词工具，为推广产品设置关键词，如图 8–4 所示。

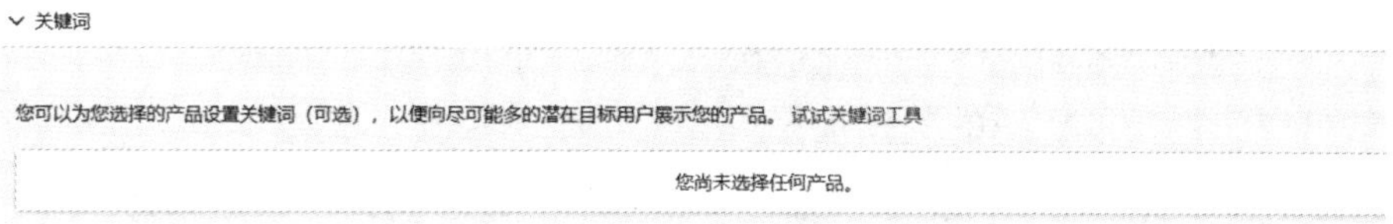

图 8–4 添加关键词

· 确定活动预算。预算可能取决于以下因素：推广活动的持续时间、即将到来的节日和特别活动以及要推出的新品数量。平台还在页面底部展示了计算预算上限的公式。请注意，ProductBoost 活动设有每种产品每日最低预算。如果您设置的预算低于此最低预算值，系统将显示错误消息："预算必须大于或等于 US$X"（X 值基于最低预算和活动持续天数）。

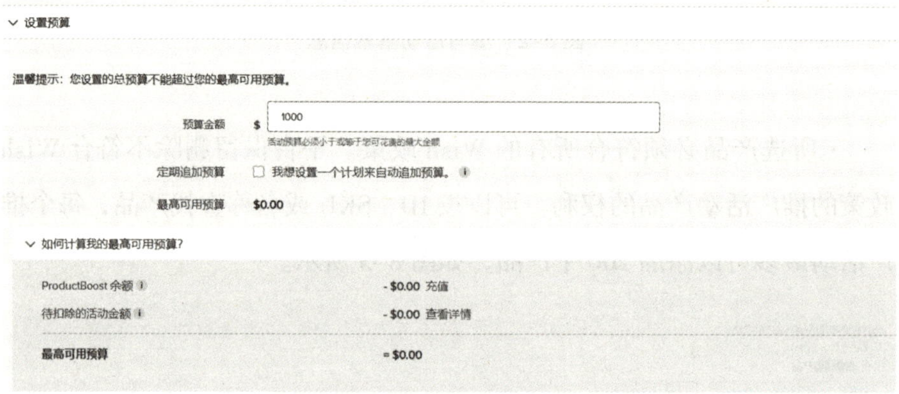

图 8–5　设置预算

· 填写完上述所有信息后，请点击页面底部的"保存活动"按钮，即成功创建了一个推广活动。可以前往"ProductBoost →所有活动列表"菜单，查看正在进行的推广活动。

目前，部分卖家可享受限时 ProductBoost 优惠项目：奖励预算。具体而言，若这些卖家在 ProductBoost 活动中设置的每种产品每日预算高于特定阈值（具体阈值将在卖家平台的"设置预算"部分显示），他们就可以选择领取相应的奖励预算。

· 卖家可在原先设定的活动预算基础上，选择添加"奖励预算"。

· 奖励预算额度是卖家设定的 ProductBoost 活动预算的 30%。

· 此项限时优惠中，奖励预算额度中 50% 的费用将由 Wish 支付。

示例：某卖家的店铺可使用奖励预算，且其将 ProductBoost 活动预算设定为 20 美元（此例中的阈值是 15.2 美元，如图 8–6 所示），那么其可添加的奖励预算额度为 6 美元（20 美元的 30%）。在此情况下，如果该卖家勾选了“我希望获得奖励预算”复选框，则可为此 ProductBoost 活动添加的总预算为：20+6=26 美元。如果此 ProductBoost 活动最终花费了 26 美元的总预算，则奖励预算中的 3 美元（6 美元的 50%）将由 Wish 支付。

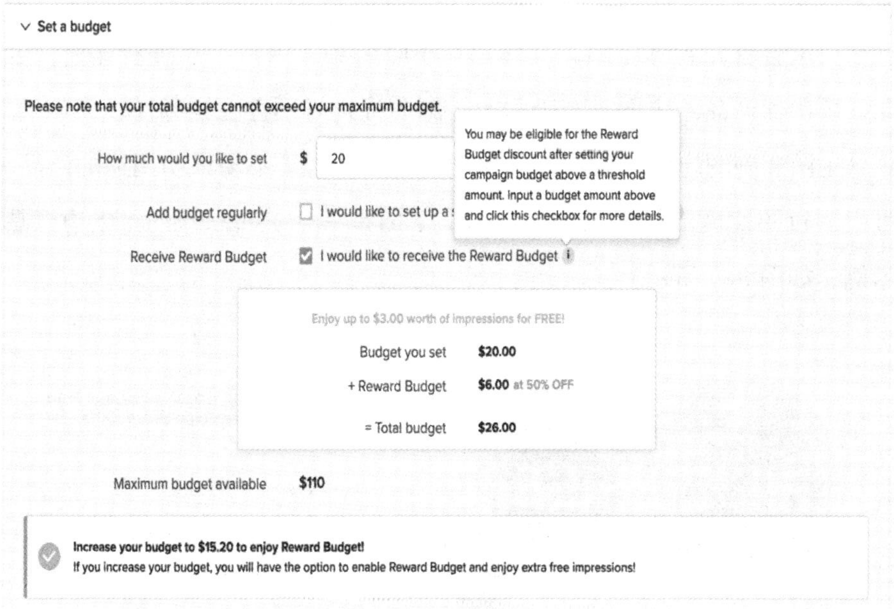

图 8–6　设置奖励预算

三、ProductBoost 的优化思路

为了在 ProductBoost 活动过程中获得最优收益，建议从以下四个方面入手。

1. 产品图片

Wish 平台的设计专门针对移动端进行优化，因此产品详情页的图片非常重要。

买家会首先看到主图，其作用在于吸引买家点击产品查看详情，因此，要确保产品的主图具有吸引力，画质优良且不存在误导性。

主图和副图应能起到应有的作用。例如，对于不易说明用途的产品，可以通过图片展示相关用法或用途。下面是一个 ProductBoost 成功产品示例，如图 8-7 所示。

图 8-7　ProductBoost 成功产品示例

· 主图里包含西瓜和其他水果，以及切西瓜的图片。

· 提供必要的描述。有时，通过图片强调重要内容会很有用。要考虑的卖点是：产品有哪些用途？产品的独特之处是什么？与竞争对手相比有哪些优势？

· 包含其他变体。例如，若产品有多个颜色，可以在主图或副图中包含其他颜色变体。

对产品进行全方位展示的图片有助于买家做出购买决策。出色的产品图片可以达到以下几个方面的目的。

· 吸引买家的注意力，并促使他们点击和购买。

· 清晰地展示产品。

· 传达关于尺码、颜色和材料的重要信息。

· 展示产品的用途。

· 帮助买家想象在日常生活中使用该产品的场景。

2. 产品选择

为了取得最佳的 ProductBoost 效果，需要选择合适的产品。建议选择具有巨大销售潜力的优质产品。

· 畅销产品。

· 新产品或业绩平平的产品，通过 ProductBoost 可以大大提高其曝光量和销量。

· 其他平台上的畅销产品。

· 需求量大的热门季节性产品。

·Wish 平台上没有的产品，让 Wish 用户觉得“新鲜”的产品。

· 想要进行促销或正在打折的产品。

· 专营且具有竞争优势（即出色的领域知识、优惠的价格和更好的质量）的产品。

3. 预算

根据销售或曝光量目标分配足够的预算。根据经验，预算应允许每周为每种产品分配至少数万次曝光量。满足此条件后，继续优化产品图片来赢得竞争优势。

4. 测试与优化

最终要通过具体投放来进行试验并测试不同的要素，根据具体的数据反馈，来优化以上 3 个因素。建议测试条件如下。

· 创建多个活动同时运行。

· 每次更改一个要素，例如主图或预算。

· 至少测试一段合理的时间，建议至少 1 周。

· 找出每次测试的制胜要素并进行优化。

四、ProductBoost 的推广思路

在真实的 Wish 平台运营过程中，通过 ProductBoost 获益主要有两种思路，一种考虑的是当下收益，一种考虑的是预期收益。这里展示一个 ProductBoost 投放案例，如图 8-8 所示。

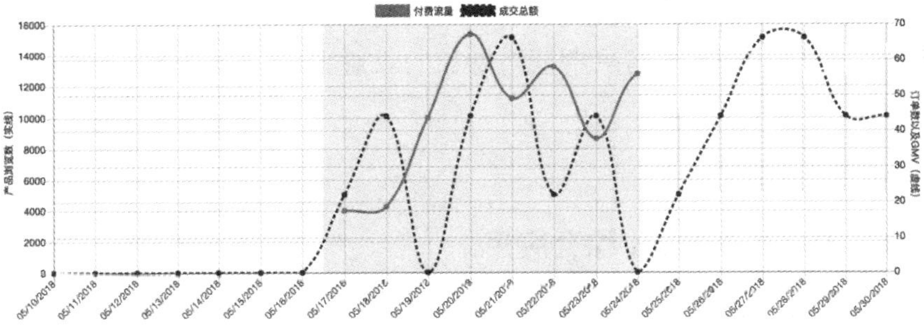

图 8-8　Product Boost 投放曲线

1. 当下收益

图中实线为 ProductBoost 投放期间的付费流量，虚线为成交额，可以看到 ProductBoost 投放期间，商品流量显著上升，同时商品成交额也上涨。这种收益符合第一种情况，开展 ProductBoost 推广，产品销售收益增加，只要产品销售增加的收益大于 ProductBoost 推广费用，ProductBoost 就可以一直进行。当然这只是理想状态，真实的 ProductBoost 收益会随着产品的周期、竞品的竞争力发生变化。

2. 预期收益

如图 8-8 所示，在 ProductBoost 推广结束后，商品的成交额继续上涨，这种收益就是第二种收益，主要来自电商的滚雪球效应，在活动期间访客增加，成交增加，商品好评增加，商品的权重增加，在 Wish 平台上的展示频次增加，随之带来了更多的订单。所以，针对这种预期的收益，有卖家在推广新品的时候愿意接受大于商品增长收益的 ProductBoost 推广费用，主要是期待活动结束后，商品的成交额会稳定增加。

这样的产品需要根据经验去衡量市场上该类产品的转化率，如果转化率与市场持平或者偏高，就说明它是一个值得尝试的产品，可以在前期牺牲一部分利润，期待后期获得增长的收益。

五、ProductBoost 综合应用

在做 ProductBoost 的时候，降低花费与成交总额比最重要的三个因素，分别是费用、时间、关键词，这里主要讲一下费用和时间。

第一个是初始预算，即活动设置的总预算。像做服饰类目这种低客单产品的话，设置的初始预算不要太高，可能三五美元就可以。其他的 3C 类目、高客单类目，初始预算设置得可以相对高一点。

第二个是时间。新品持续时间要短，第一期活动可以自动设置为一个星期，然后根据每一期的活动效果再去调整。老产品的持续时间则可以适当延长，如果这个产品的 ProductBoost 推广效果比较良好，建议持续投入，而且一开始的时候可以开 28 天，这样你就可以看到这个产品完整的一个月数据。

第三个就是活动期的加价。如果初始预算没有设置太多，可能会导致第二天、第三天的时候就没钱了，所以在后面需要去调整 ProductBoost 的加价，因为没钱广告就做不了了。这里要重点关注的是，到底加价多少，才是这个产品合理的价位。

举例来说，如图 8-9 所示，对于同一款产品在不同活动周期的加价，有 2 美元、3 美元、4 美元、5 美元，甚至 15 美元的，也有不加的。但总体来看，在加 2 美元的时候订单、流量是最多的，所以对这款产品测试出来的结果是，之后每天只要加 2 美元，就能带来最高的利润和最好的效果。

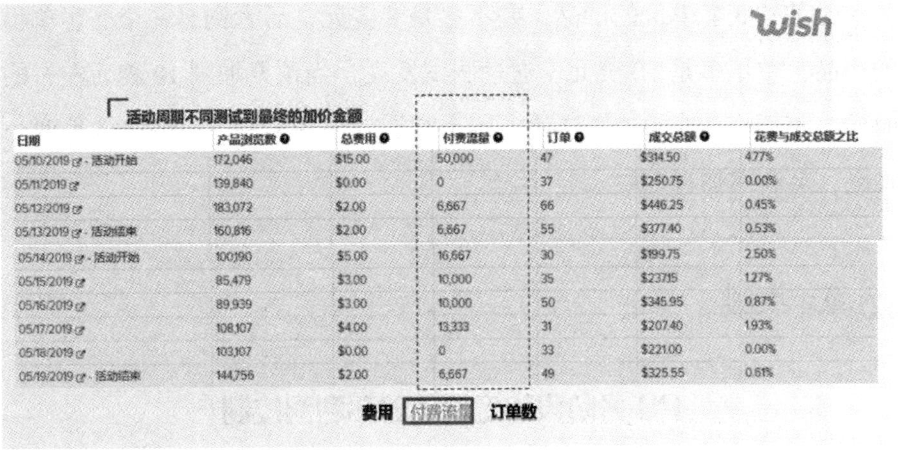

活动周期不同测试到最终的加价金额

日期	产品浏览数	总费用	付费流量	订单	成交总额	花费与成交总额之比
05/10/2019 - 活动开始	172,046	$15.00	50,000	47	$314.50	4.77%
05/11/2019	139,840	$0.00	0	37	$250.75	0.00%
05/12/2019	183,072	$2.00	6,667	66	$446.25	0.45%
05/13/2019 - 活动结束	160,816	$2.00	6,667	55	$377.40	0.53%
05/14/2019 - 活动开始	100,190	$5.00	16,667	30	$199.75	2.50%
05/15/2019	85,479	$3.00	10,000	35	$237.15	1.27%
05/16/2019	89,939	$3.00	10,000	50	$345.95	0.87%
05/17/2019	108,107	$4.00	13,333	31	$207.40	1.93%
05/18/2019	103,107	$0.00	0	33	$221.00	0.00%
05/19/2019 - 活动结束	144,756	$2.00	6,667	49	$325.55	0.61%

费用 付费流量 订单数

图 8-9 加价金额测试

再举一个案例，如图 8-10 所示，第一期的活动花费与成交总额之比达到 16.13%，后面几期的单子不是特别多，但是到第四期的时候，花费与成交总额之比已经降到了 2.60%。这里采用的方法，也是直接去调整活动时效、价格。

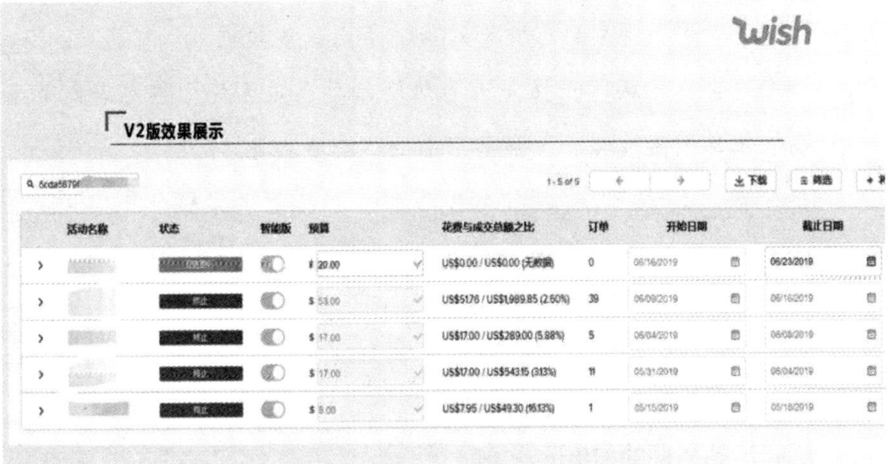

V2版效果展示

1-5 of 5　下载　筛选

活动名称	状态	智能版	预算	花费与成交总额之比	订单	开始日期	截止日期
[illegible]	[illegible]		$ 20.00	US$0.00 / US$0.00 (无数据)	0	06/16/2019	06/23/2019
[illegible]	[illegible]		$ 53.00	US$51.76 / US$1,989.85 (2.60%)	39	06/09/2019	06/16/2019
[illegible]	[illegible]		$ 17.00	US$17.00 / US$289.00 (5.88%)	5	06/04/2019	06/08/2019
[illegible]	[illegible]		$ 17.00	US$17.00 / US$543.15 (3.13%)	11	05/31/2019	06/04/2019
[illegible]	[illegible]		$ 8.00	US$7.95 / US$49.30 (16.13%)	1	05/15/2019	05/18/2019

图 8-10 降低花费与成交总额之比

前者是低客单价的产品，差不多是 8 美元，后者则是一个高客单价的产品，差不多是 50 美元。通过测试发现，当预算加到 10 美元左右的时候，将近有 3% 的投入转化，这个利润就比较可观了，像刚才那两个产品，毛利率都有 30%。

章末案例

PB 各阶段的定价策略和利润控制

上海筋斗云进出口公司 Wish 运营负责人纪娟在 PB 研习社现场分享了《PB 各阶段的定价策略和利润控制》，她指出，应以提升毛利润为目标，调整产品定价适应不同的 PB 运营周期，达到最终提升利润水平的目标。

为提升产品毛利润，在运营 PB 活动之前，首要的是挑选合适的产品加入 PB 活动。纪娟首先提出应认真考虑以下三个因素。

一是竞争对手。观察目标竞争对手半年内销售数据可观的产品。

二是广告占比。根据产品是否为热门品类、是否处于热卖季或节庆日、产品客单等因素或经验，预估产品的广告费占比。

三是产品分类。产品品质、物流服务、产品文描等都对产品退款率有所影响，建议把控产品品质。

在挑选出适合加入 PB 活动的产品以后，接下来就可以按照三个阶段周期逐步提高 PB 表现。

1. 不同活动周期的 PB 运营策略

如图 8-11 所示，根据不同的阶段针对性地监控不同的 PB 数据，提升活动表现。

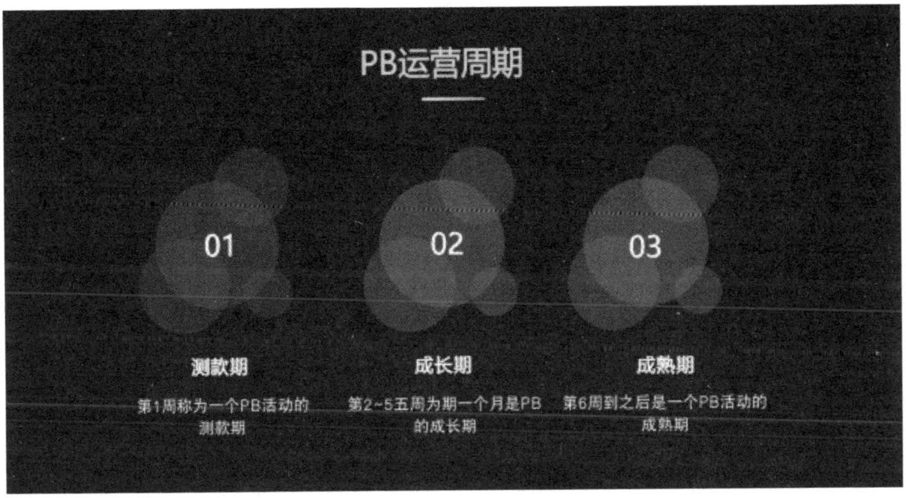

图 8–11　PB 运营周期

（1）PB 活动测款期。测款期间，在了解产品的品类和客单价的基础上，要给予充足的预算，定价可（略）低于竞争对手，判断产品是否值得继续投入。此外，要及时分享测款数据，这有利于避免其他团队重复测款，从而避免资源浪费。

（2）PB 活动成长期。成长期间，对于测款成功的产品，可继续投入广告，要保证产品的毛利润能够覆盖广告支出。此阶段可根据产品的花费比和单量数据，逐步优化花费比，如果价格调整对单量影响过大，则暂时不要调价，以便积累产品数据。

（3）PB 活动成熟期。成熟期间，产品的各项数据趋于稳定，广告转化率成为重要指标，可视情况调整毛利率，“多次、跨时间、适度”对产品进行提价。调价后，建议监控流量、PB 转化率和订单量，根据数据反馈及时调整价格和广告预算。

2. 不同活动周期的定价策略

PB 活动的三个阶段有不同的定价策略，应视情况维持或调整产品毛利率。

（1）PB 活动测款期。在测款期，可视情况依据竞争对手的价格定价，甚至稍微亏本经营。

（2）PB 活动成长期。在成长期，价格浮动不会太大，产品的毛利率能够覆盖广告费即可。

（3）PB 活动稳定期。在稳定期，各项数据指标稳定，在此阶段可“多次、跨时间、适度”调整产品价格，提高产品毛利率。

总而言之，在 PB 活动测款期和成长期，要尽量稳住产品价格，待产品成熟、数据稳定后再视情况调整产品价格，如图 8-12 所示。

价格浮动	流量数据	单量数据	PB转化率	进一步的动作
第一次价格浮动（涨价和降价）价格浮动不要太多，可以多次测试直到找到合适的浮动	增加	增加	稳定	继续观察数据变化，之后可以进行第二次价格变化
	增加	减少	减少	说明价格变动对listing的影响很大，建议调回变动前的价格，再观察数据
	减少	增加	增加	适当增加预算，再观察这三项数据
	减少	减少	稳定	增加预算

图 8-12 PB 定价策略

课后习题

1. 选择题

1）Wish 平台 ProductBoost 的优点有（　　）。

A. 带来更多的流量　　B. 免费

C. 肯定盈利　　D. 没有竞争对手

2）PB 测试建议至少（　　）周。

A.1　　B.2

C.3　　D.4

3）下列（　　）项不是 PB 的优化内容。

A. 产品图片　　B. 产品选择

C. 预算　　D. 延长 PB 时间

4）如果在 PB 推广期间，利润提升小于 PB 费用，下列哪种情况是属于推广成功的（　　）。

A. 访客、转化率短暂提升　　B. 访客、转化率长期提升

C. 访客、转化率下降　　D. 访客、转化率不变

2. 分析题

某件产品在没有进行 PB 前，日营业额为 84 美元，开展 PB 期间日营业额为 155 美元，PB 日费用 10 美元，该产品利润率为 24%。请问该产品是否可以一直开展 PB 计划？为什么？（要有算式）

第九章

用户问题

开篇案例

对客户说“You are so bad”引发的账号交易暂停危机

Wish商户周先生是主营服装配饰的中小卖家，每天的订单量不超过百单。前段时间，有个英国客人下了套西服订单。周先生在规定时间内发货，并且客人14天后就收到货了。“收到货后没多久，这个客人就说产品尺码不对，但他在购买前，我已经将产品的尺码标注给他。不过，既然他觉得不符合心意，可以选择退货，我们全额退款给他。但他给予我的回复是，既不会将货退给我们，还要求我们退款。”周先生愤懑地说。

他表示，目前有不少卖家会故意钻Wish规则的空子，以各种理由申请退款。而Wish针对此类纠纷都是自行处理，并非交予商户和买家进行沟通。“实在是受够了，所以当时一时气愤就回复了客人‘You are so bad’这么一句话。”10天之后，他收到了Wish发过来的违规通知。

据周先生介绍，如果没有在48小时之内进行回复的话，账户将会自动暂停交易。

周先生表示后续这笔订单的款项已经退还给买家了，也已经给客户留言道歉了。他曾有一个朋友遇到过类似情况，也是言辞方面引起的违规。尽管事后及时解释，但后来账号还是无法使用，后台所有的产品全都被删除了。不过，次月应收货款都有陆续进账。

周先生说："先不考虑客户是否有错，本身自己也有不对的地方。毕竟真的遇到客户无理要求时，是可以向客户经理进行沟通咨询的，而不应该一时意气用事。如今跨境电商已经进入到拼服务的阶段，产品质量过关之余，买家的购物体验度是特别需要认真对待的。"

一、用户问题处理类型

"用户问题"功能有助于卖家与用户之间的沟通，卖家可使用此功能直接回复用户提出的问题。用户可通过 Wish 应用 / 网站向卖家提出问题，从而创建一个用户问题，而卖家必须在卖家平台上对这些问题给予解答。

此功能有助于在用户与卖家之间建立信任，提高用户的购物信心并改善总体用户体验。

下面，针对每个类别列出了一些用户可能提出的问题。

（1）售前问题。询问产品相关信息（尺码、颜色等）；询问有关卖家店铺的常见问题。

（2）售后问题。要求订单退货或退款；反馈订单中的产品存在瑕疵、损坏或缺失的问题。

（3）售后客服问题。下单后更改产品信息（尺码、颜色等）；从订单中移除产品；更改配送地址；询问订单状态；要求提供物流跟踪 / 配送信息。

售后问题主要由 Wish 客服进行处理，只有在少数情况下才会发给卖家，包括向某些卖家发起的退款以及对符合条件的高价值订单发起的退款。

二、用户问题处理过程

卖家平台顶部的导航栏有“用户问题”菜单，它旁边的红色数字表示待处理的用户问题总数，如图 9–1 所示。

图 9–1 “用户问题”菜单

进入“用户问题”界面，卖家一般会看到两类用户问题：售前问题和售后客服问题。点击相应类别的用户问题，即可查看待处理的用户问题列表及其相关信息，如图 9–2 所示。

图 9–2 “用户问题”界面

“问题类型”表示该用户问题所属的问题类别。系统将依据用户提出的具体问题将其归类为上述类别之一。

“剩余时间”表示可供卖家回复该用户问题的剩余时间。总是未能在 48 小时内做出回复的卖家，将收到警告并最终会受到惩处。

1. 售前问题

该页面最上方显示“用户问题详情”，卖家的消息将显示在此区域下方，如图 9–3 所示。

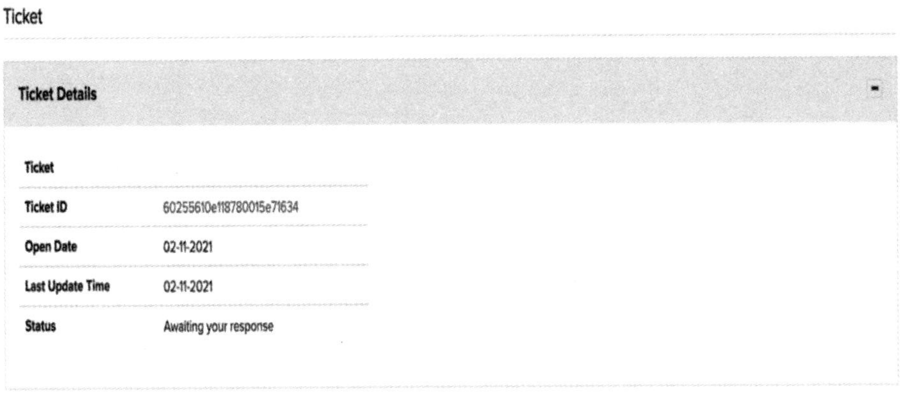

图 9–3 “售前问题”界面

2. 售后客服问题

该页面最上方显示“用户问题”“交易”和“地址”信息，如图 9–4 所示。

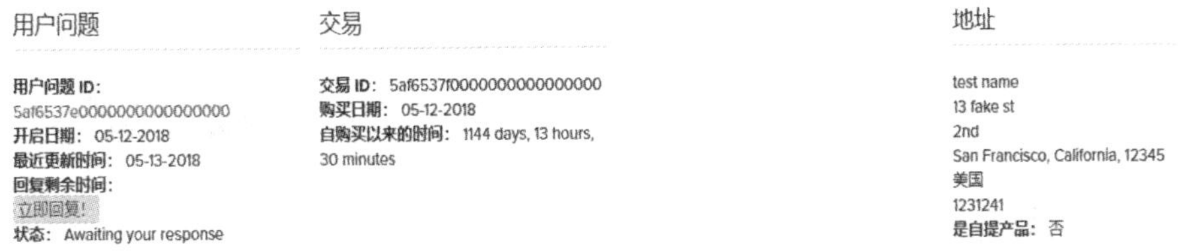

图 9–4 “售后客服问题”界面

接着是“受影响的产品”和“订单详情”部分，如图 9–5 所示。

图 9–5 “受影响的产品”和“订单详情”界面

3. 对于售后客服问题的处理方式

要关闭售后客服问题，最直接的方法就是给买家退款，选中待退款产品旁边的复选框，然后点击“受影响的产品”部分下方的“退款选中的订单”按钮，如图 9–6 所示。

图 9–6　买家消息

对于用户问题，卖家都可以在消息区域下方的文本字段中回复。可以点击文本字段右侧的按钮选项，使用平台的回复模板。回复模板支持多种语言，可以点击回复模板按钮上方的语言下拉菜单进行选择。Wish 强烈建议选择用户所在国家 / 地区的语言和平台提供的回复模板进行回复，如图 9–7 所示。注意，可以点击用户消息窗口右下角的“查看 [语种]”按钮，以卖家所在国家 / 地区的语言查看用户消息。

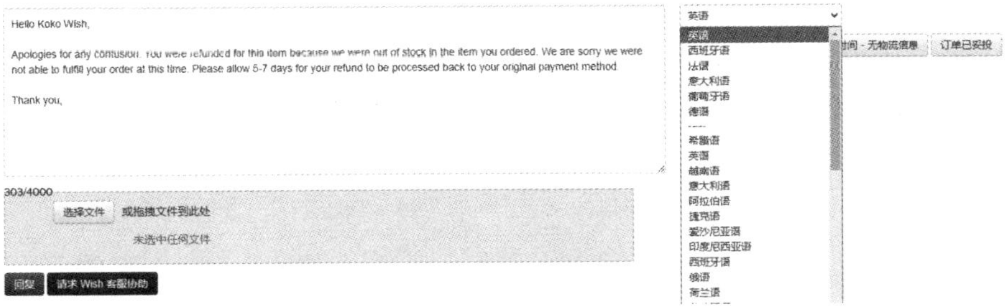

图 9–7　平台回复模板

如果解决问题时需要使用图片，您可以点击“选择文件”以添加图片。消息编辑完毕后，您可以点击文本字段下方的“回复”按钮，将回复发送给用户。此时，该用户问题将转至“用户问题→已回复”。

如果卖家认为自己的回复已经解决了问题，请点击“回复并关闭”。此操作会将回复发给用户并关闭该问题。此时，该用户问题将转至“用户问题→已关闭”。

如果卖家无法解决用户问题，可以点击“请求 Wish 客服协助”，以申请 Wish 客服介入。Wish 客服对话将在此页面的消息区域后面接续显示。Wish 强烈建议您在请求 Wish 客服协助前尽力尝试解决问题。

4. 用户服务表现指标

前往“业绩→用户服务表现”，此页面中将显示各种指标，包括用户满意度（CSAT）和回复延迟率。CSAT 评分高于 85% 且回复延迟率低于 5% 属于正常水平。对于售后问题，若卖家未能在 48 小时内予以回复，可能会导致 Wish 客服接手解决此用户问题。

注意：如果店铺的回复延迟率非常高（>45%）或 CSAT 评分非常低（<60%），则账户的曝光量可能会被屏蔽或暂停。

课后习题

1. 选择题

1）对于用户问题必须在（　　）小时内进行回复。

A.12　　B.24

C.48　　D.96

2）“反馈订单中的产品存在瑕疵”，属于下列（　　）类问题。

A. 售前问题　　　　　　B. 售后问题

C. 售后客服问题　　　　D. 以上都不是

3）“更改配送地址”，属于下列（　　）类问题。

A. 售前问题　　　　　　B. 售后问题

C. 售后客服问题　　　　D. 以上都不是

4）用户满意度（CSAT）一般要高于（　　）。

A.80%　　　　　　B.85%

C.90%　　　　　　D.95%

5）要关闭售后问题，最直接的方法就是（　　）。

A. 申请平台介入　　　　B. 与顾客沟通

C. 给顾客部分退款　　　D. 给顾客全部退款

2. 分析题

浏览本章网络资料，分析如何更好地管理产品，避免用户问题。

第十章

Wish 产品开发

开篇案例

从选品到备货库存，揭秘如何在 Wish 大卖实现年销售额 6 亿元

对于旺季销售的预判，需要参考多个维度的数据，这也正是跨境电商卖家旺季备货的根本依据。在 2019 年 Wish 年度卖家大会上，宁波天齐电子商务有限公司副总经理祁凯透露，就目前后台监测到的数据来看，当前多个品类增长相较往年更快，并预测当年跨境电商旺季将会有一个大的爆发。

眼下，旺季的硝烟味正浓，卖家们在期待大促到来之时又需要做好哪些选品、营销、库存等方面的规划呢？

在跨境电商市场，女装向来是竞争激烈的“红海”，加之严峻的国际贸易局势，女装的出口一度遭遇销量寒冬。但是，在这样的逆境中，成立于 2015 年的宁波天齐独有一条属于自己的选品门路，运营品类除了服装以外，还包括 3C、鞋包、汽配等，年销售额达 6 亿元人民币。

1. 产品开发可大众化

祁凯表示，Wish 平台移动端的特点决定着它会继续处于高速发展的阶段，对于产品更新的需求亦很大。“区别于其他跨境电商平台上做自主研发和品牌推广较有优势，在 Wish 的现阶段，我们的重心仍放在寻找熟悉可靠的供应链和供应商，提供大众化的产品上。”他进一步指出，在做产品开发的过程中可参考两个维度：一是从消费者角度看待产品，参考其他平台的数据从而获悉该产品是否已被海外消费者所接受；二是对消费趋势的把握，比如通过数据抓取软件以及论坛、社交软件、网红对产品热点话题的讨论了解市场。

2. 产品设计融入流行元素

“Wish 移动端的用户具有鲜明的特点，他们更注重个性化，只有完全符合他们偏好的产品才能赢得他们的忠诚度。”祁凯直言，“然而当前国内大多数的女装企业其实并未能根据客户的实际需求及偏好去设计和生产，很多时候仅是简单的加工，甚至对女装尺码都拿捏不准。”他在其中看到了商机，通过收集消费者在社交媒体等渠道分享个人兴趣爱好的信息，设计出更贴近海外顾客审美偏好和使用需求的女装款式。比如，以当年欧洲热门的玫瑰刺绣印花系为例，一条普通的牛仔裤若融合碎花元素，点缀出浓浓的田园风，无疑在旺季期更受欢迎。

3. 产品细节决定销售成败

为了使消费者能够在 Wish 上更直观地看到产品的效果，祁凯在产品展示上不断改进，精益求精。“我们的每一件产品，都有真人模特来拍摄上身效果，并进行全角度的产品展示。这不仅是希望能够向消费者展示更全面的产品细节，而且也是增加消费者对产品信任度的有效方式。”

除了产品展示外，祁凯在产品描述上也颇为用心。据其透露，海外消费者在购买产品过程中不会过多地去查阅具体尺码标准，而国内厂家生产服装尺码偏小，为此，他在产品正常尺码标识上会偏大 1～2 个码。与此同时，在产品描述上尽量做到精确和简练，让消费者一眼便能获得关键信息。其坦言：“细节往往决定了消费者对产品的第一印象，尤其是在旺季阶段卖家们更需留意细节争分夺秒抢夺订单。”跨境电商旺季阶段，除了选品备受卖家关注以外，旺季库存的把握也尤为关键。祁凯坦言：“要想确保旺季订单只涨不跌绝非易事，这样一来对于卖家库存把握就提出了更高的要求。”

针对旺季备货库存建议，祁凯给出了四个关键字。

第一个字：够。每年跨境旺季期，热销品类相较以往销售额会增长 50% 以上，该时期也是店铺产品冲排名、抢流量、占坑位的绝佳时机。基于此，卖家们日常热销的产品需要准备好足够的库存，以防因爆款断货影响店铺排名等情况发生。

据其透露：“从目前 Wish 后台数据来看，接下来的旺季将会迎来大的爆发。在市场还能不断补货的情况下，要备足 1.5 倍货量，而类似春节长期无法补货的情况，可以适当增加 2～3 倍的备货量，同时备货周期也不宜过长，通常一星期 2～3 次即可。”

第二个字：养。何为“养”？据祁凯介绍，即便是旺季忙碌期，卖家也应尽可能地维护好与工厂的合作关系。除此之外，淡季也不可忽视与工厂的联系，只有做到淡季及时沟通做好订单安排，旺季才有机会插单。这往往也是大多数 Wish 卖家容易忽视之处。

第三个字：舍。“跨境旺季期并非意味着会一直保持销量暴涨趋势，同样也会有跌宕起伏的变化，而在销量不如预期的时候，卖家就需要建立迅速响应机制。”祁凯举例说，可以采取产品降价或是加大广告投入等措施，同时应及时做好清库存的准备，以防变成死库存，带来更大的损失。

第四个字：稳。“在旺季物流选择过程中，切忌贪便宜，只求稳。”基于以往的经验教训，祁凯直言，大多数便宜的物流渠道在旺季过后都会伴随大量的爆仓现象，导致包裹时效延长、退款率提高以及利润被缩减，甚至对产品后期流量都将造成较大的负面影响。因此，卖家们在旺季阶段应避免贪小便宜的心理，避开具有风险性的操作，做到平稳运作。

一、产品意识

产品生命周期理论，是一个众所周知的经典理论，基于这个理论，我们可以得到这样一个潜力产品的基础画像。

（1）生命周期处于增长期。

这一点，可以通过在售产品的数量、销量、采购价、售价、整体毛利率等数据推断出来。

（2）产品评价高。

高评价的产品不仅代表产品质量得到了认可，更代表产品满足了性价比这个特点。

（3）顾客需求高。

这一点需要运营对于市场需求规模有一定的认知。

（4）市场饱和度低。

竞争对手较少的产品，可以更好地切入。

在做跨境电商时，商户们需要保持这样的产品意识，从上述四个角度去寻找更具潜力的产品。

二、前期调研

找到了潜力产品之后，不是立马投入开发及运营，而是要先进行产品调研，重点是侵权可能性调研和竞品调研。

1. 侵权可能性调研

在版权意识越来越强的今天，提前做好产品的侵权可能性调研很重要，包括商标专利、外观专利、发明专利等。

商标侵权不只是涉及产品图片上的商标，还有产品标题、产品详情页里，也要注意商标侵权的风险；外观专利侵权方面，并不是说在专业设计师看来是有区别的就不构成侵权，而是外观对于消费者来说不容易区分，就有可能涉及外观专利侵权。

这里提供了两个可以做专利查询的网站：美国注册商标和专利查询可登录美国专利商标局网站，欧盟商标和专利查询可登录欧盟知识产权局网站。在开发产品前，可以提前看看产品是否存在这样的风险。

2. 竞品调研

与侵权可能性调研不同，竞品调研可能会让你的产品找到不一样的开发灵感。你可以从竞品的销售数据、买家评论和产品发布等几个方面，去分别做一下调研。

（1）销售数据。

可以根据竞品的上架时间、点击率、购买率、周转情况等数据，对产品的当前表现进行分析。

（2）买家评论。

可以结合竞品的买家评论对产品进行更新迭代。对于差评，可以作为产品优化的切入点，进行产品的更新；对于好评，则可以作为产品的卖点，提炼之后放在产品的图片、标题、描述等位置，提升产品的购买率。

（3）产品发布。

可以从定价策略、标题、产品图、描述、视频等维度去分析产品发布的情况，去学习优秀产品运营的角度等。

三、开发方法

审视自己拥有的资源和实力，不同的资源和实力意味着不同的选品阶段和选品方法。比如大卖家拥有雄厚的资金和供应链支持，更能够开展自己的产品研发，但对于很多普通卖家来说，选择差异化的产品开发更符合实际。

总的来说，产品差异化的操作思路可以分为三个基本步骤：关注到前台的爆款（或“蓝海”产品）；对产品进行差异化分析；开发出差异款或延伸款。这样的差异化包括：改进原有产品的痛点、对产品进行升级；对产品进行组合打包销售、增加产品颜色、款式选择等，如图 10–1 所示。

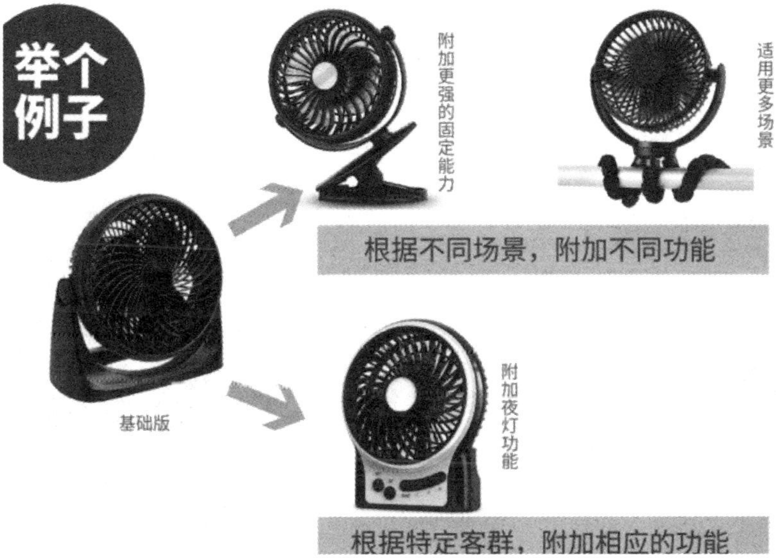

图 10-1　风扇差异化案例

以 Wish 畅销的耳机产品为例（见图 10-2），很多商家都在出售这款耳机，不想错过畅销机会，但是又拼不过实力雄厚的大卖家，该怎么办？

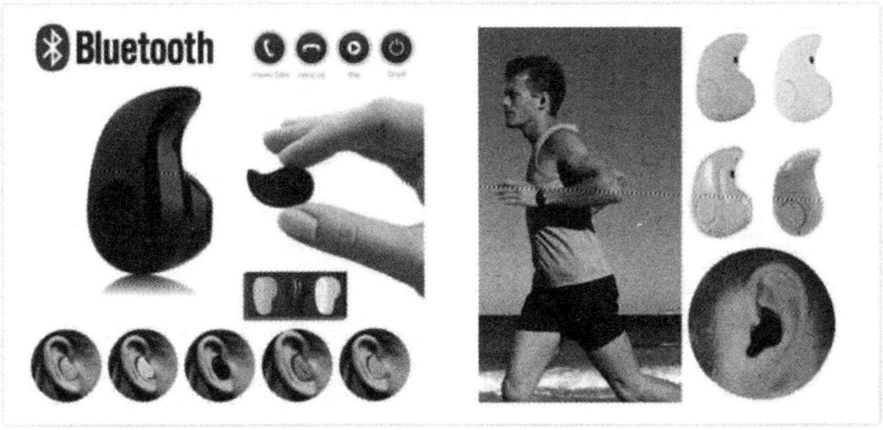

图 10-2　Wish 畅销耳机产品

全新升级的 S530 Plus，容量电量更大，价格合适，升级后的蓝牙耳机性价比更高，吸引了原本购买 S530 但苦于容量不足的用户，独具竞争力，如图 10-3 所示。

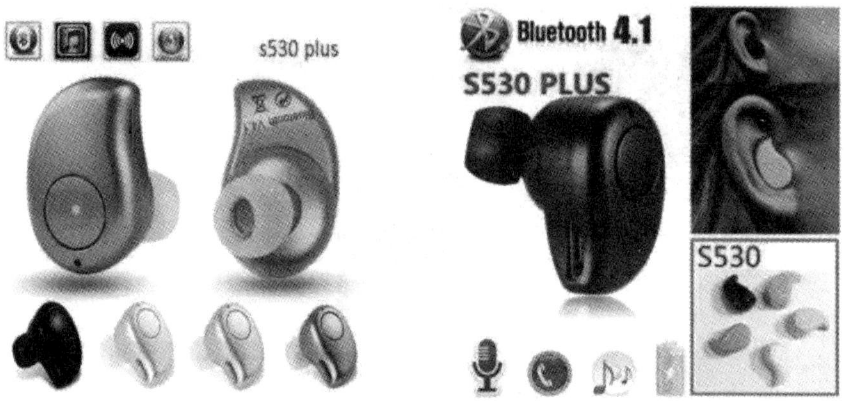

图 10-3 升级后的耳机产品

实际运营中，这些差异化开发产品的灵感和痛点很多都是来自用户的评论和反馈。商户可以从以下四个方面来判断痛点的价值。

（1）是否迫切？

（2）是否必须要解决？

（3）是否高频出现？

（4）持续时间是否较长？

如果以上四个方面的答案都是“是”，那么也就意味着产品的设计是有缺陷的，产品有很大的优化空间。

除了上面说的差异化开发产品方法外，其实还有一些成本更低、操作更简便的差异化策略，比如将产品打包销售、增加更多的颜色选择、优化产品的外包装、赠送一些小礼品以提升用户体验等。

四、数据化选品

通过各种平台数据分析来进行选品，主要有两种方式。一种是分析跨境电商第三方数据软件，挖掘潜力商品或跟卖热门商品；另一种是分析国外用户数据，挖掘用户需求。

1. 第三方数据软件选品

（1）海鹰数据（新手卖家使用，看数据趋势、看店铺），界面如图 10–4 所示。

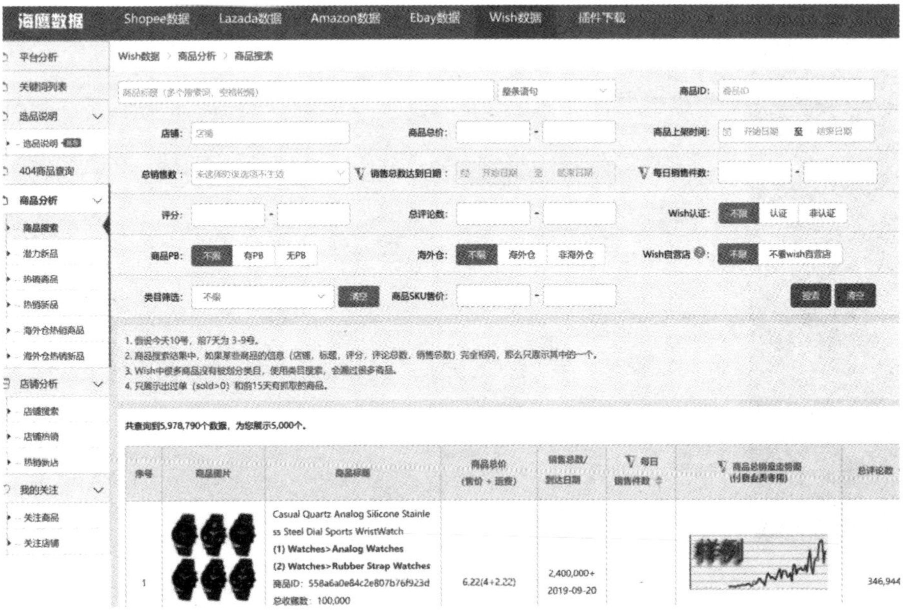

图 10–4 海鹰数据

（2）超级店长（注册入口现阶段没有，需推荐），界面如图 10–5 所示。

图 10–5 超级店长

（3）牛魔王（付费），界面如图 10–6 所示。

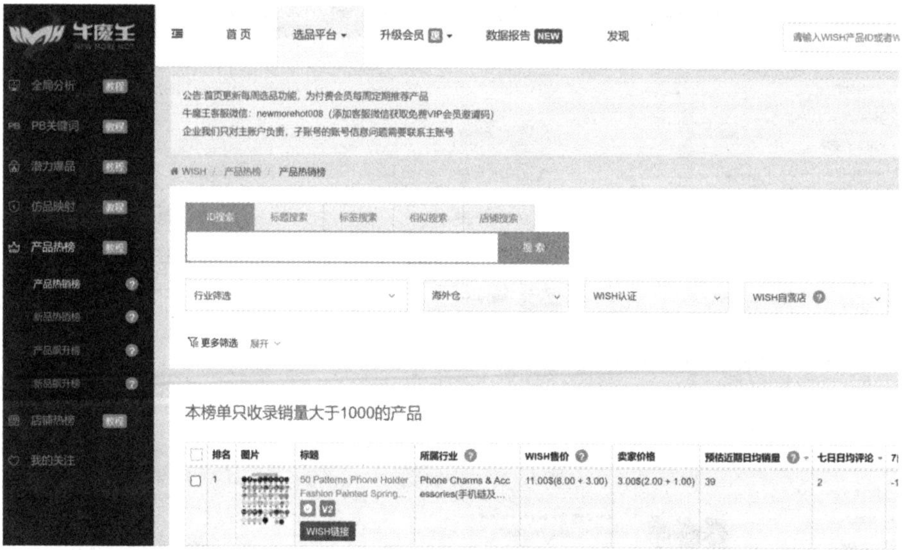

图 10–6 牛魔王

建议参考指数如下。

· 商品分析中查看 3 ~ 6 个月的新品数据指标。

· 飙升新品前 600 条，看相同类型产品、类似产品和同类元素，挖掘数据新品（建议观察与前 3 ~ 6 月数据指标的相似处）。

· 产品近 3 个月出售指数、增长指数、上架指数 / 评分，作为最终考评产品的相应数据指标。

· 产品的侵权指数和数据元素。

2. 欧美趋势工具选品

（1）主题选品工具：Pinterest Trends。

我们以“个人护理—美容美甲”为例，引荐 Pinterest Trends 的使用方法。商户可从 Pinterest、Instagram、Youtube 等社交网站的时尚板块或达人推荐中获取一线时尚资讯，作为选品的灵感起源或一手开发资料。

Pinterest Trends 展示了不同主题下的热度趋势，例如“Beauty”板块的热门话题当属美甲和假发，如图 10–7 所示。

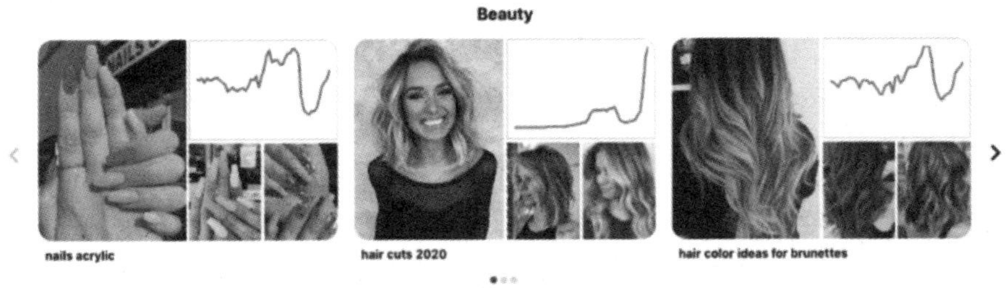

图 10–7 “Beauty”板块

若商户点击“nails acrylic”，则可进入关键词趋势页面，如图 10–8 所示。

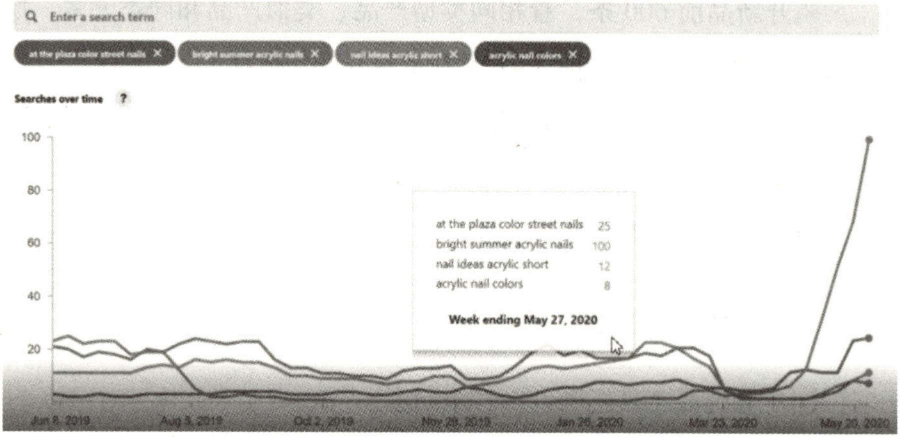

图 10-8 Pinterest Trends 趋势对比界面

· 商户可在网页上方的搜索框内主动输入关键词，了解该关键词与“nails acrylic”的趋势对比。

· 商户也可点击下方“Related terms”中系统提供的相关关键词，并对比相关关键词与“nails acrylic”的趋势，了解不同属性词产品的上升趋势。

通过分析对比美甲产品的趋势，商户可在 Wish 商户政策允许的前提下，销售例如美甲贴片、美甲点花笔、美甲饰品收纳盒、美甲灯、美甲吸尘器等产品。

（2）看类目短期增量工具：Criteo。

Criteo Product Insights Finder 工具对 20 个国家、600 个子类目的总销售额进行了统计分析，以销售增量指数的方式，供商务人士了解主要国家、主要产品类目的销量增量变化趋势。

对于对行业了解不多，但是迫切想要知晓各国近期市场行情变化（例如：哪些类目受到目标市场欢迎、具备销售潜力）的商户而言，Criteo Product Insights Finder 是一个难能可贵的趋势工具，如图 10-9

所示。

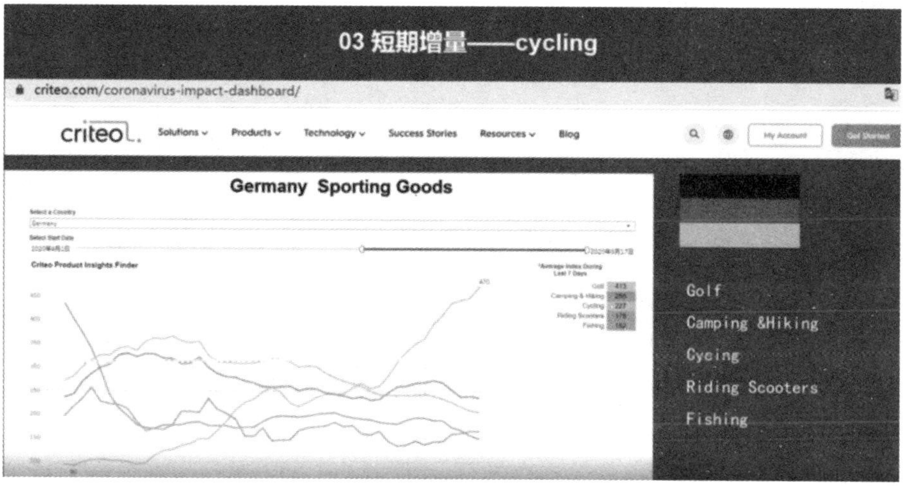

图 10-9　德国近期表现比较好的子类目

商户只需选择“目标销售国”“一级子类目”的名称和“时间段”，Criteo Product Insights Finder 即可呈现该目的国、该一级子类目相应时间段下的二级子类目的销售增量的趋势。

如图 10-10 所示，在 2020 年 4 月 1 日至 2020 年 5 月 1 日之间，德国“Electronics”类目下的“Screen Protector”“Microphones”“I/O Cards & Adapters”的销售增量表现要优于其他二级子类目，商户可据此进行深度选品。

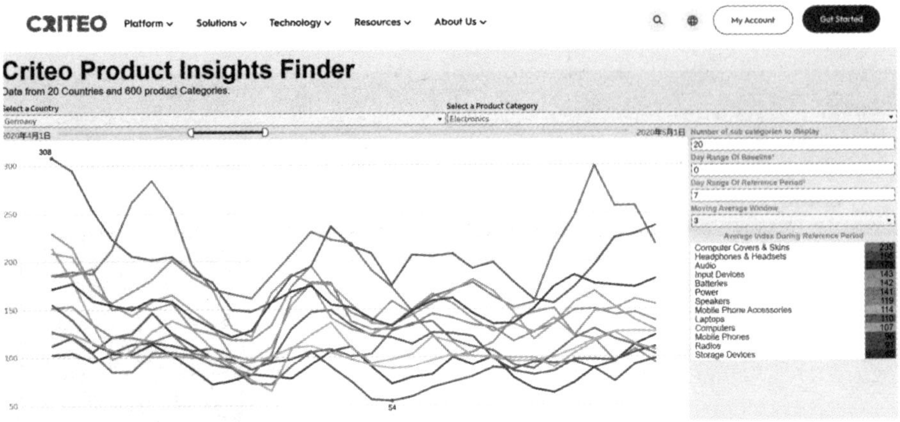

图 10-10　德国“Electronics”子类目增量表现

（3）展现长期季节性规律工具：Google Trends。

商户只需输入相关“类目关键词”并选择“时间段”，Google Trends 便会呈现该类目在过去一段时间内的热度趋势；通过拉长时间区间，商户能够很容易地得出某一类目的长期季节性热度趋势规律，如图 10-11 所示。

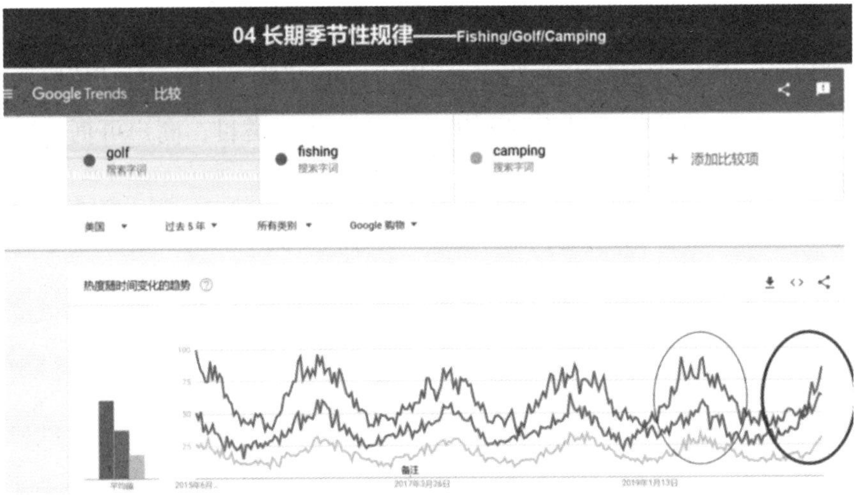

图 10-11　Google Trends 趋势对比界面

商户也可以通过对比多个类目关键词的长期热度趋势，甄别当下季节更适合开发哪一类目产品。

值得一提的是，以“Fishing”类目为例，商户通过 Google Trends 确定开发某一级类目后，可再结合 Criteo Product Insights Finder 工具了解该一级类目下二级类目的增量表现，从而进一步甄别出有销售潜力的子类目产品，如图 10–12 所示。

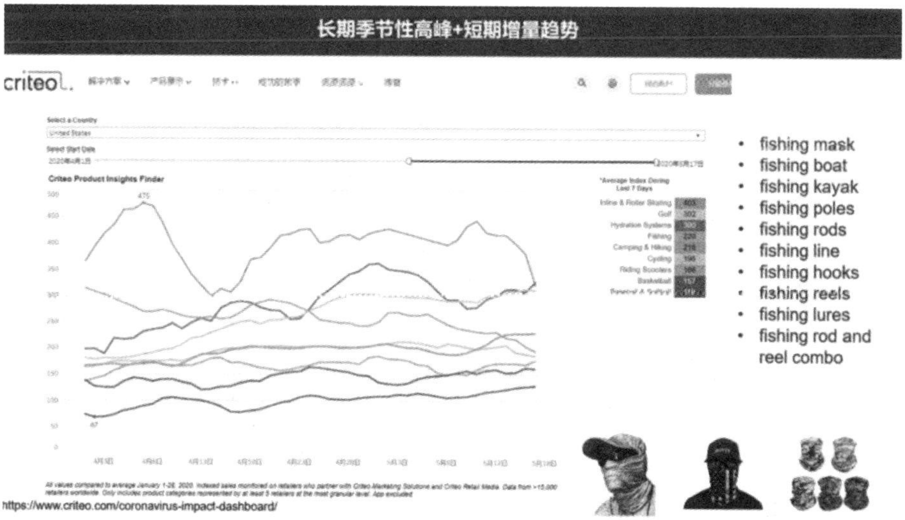

图 10–12 “Fishing”子类目增量表现

章末案例

选品方法历年数据分析：万圣节选品

1.2021 年节日季消费行为研究

（1）疫情促使消费观念“永久性”改变。

由于疫情滋生的焦虑感，催生了新的消费者行为，塑造了会产生持续性影响的消费行为习惯。

根据 AlixPatners2021 年的报告显示，全球疫情发生后，消费者从此更加关注居家消费；日用消费品持续增加；更关注环保、健康问题；线上购物快速发展，尤其是服饰和消费电子产品。

值得一提的是，根据 NRF（National Retail Federation，即美国零售联合会）的报道，美国消费者在 2020 年疫情期间对宠物用品的消费猛增，其增速是儿童和成人服饰的近四倍，美国宠物市场正在高速发展。

（2）消费者什么时候买，花多少钱？

每年节日季，西方消费者开始购物的时间以及花销情况如何？

上述数据告诉我们，提前为节日季选品和备货，抓住消费者的消费契机，是获得第一波旺季红利的关键，如图 10-13 所示。

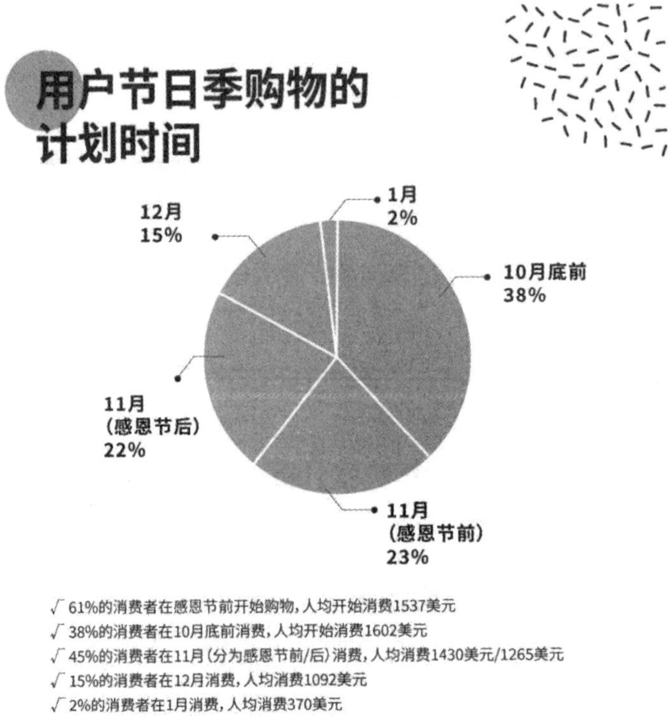

图 10-13　2021 年节日消费报告

（3）节日季消费者爱买什么礼物？

如图 10-14 所示，作为礼品的赠予方，西方消费者喜欢购买礼品卡、服饰、玩具、香水、护肤品等产品作为礼物，商户可据此创新选品，提升产品的礼品属性。作为礼品的接收方，西方的消费者越来越接受“红包”作为礼品被赠予。这也反映出，由于疫情的影响，西方消费者的消费行为更加偏向务实性和实用性。

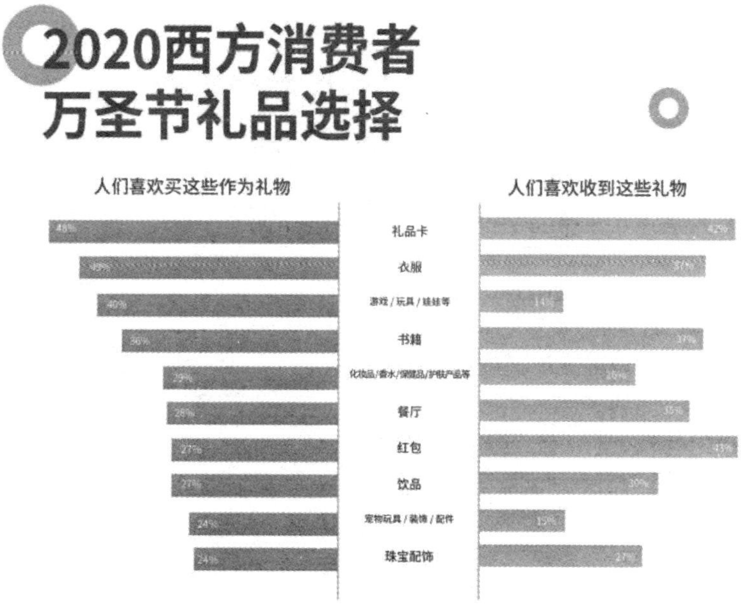

图 10-14　2020 年节日消费报告

2. Wish 平台旺季销售分析

如图 10-15 所示，同为高增长的热销子类目，“Costumes & Cosplay”的客单价范围为 20～30 美元，宠物套装的客单价范围为 5～10 美元。

图 10–15　Wish2020 年 9 月、10 月热销子类目

如图 10-16 所示，美国、英国万圣节是商家营销的传统主战场。除了英美两国外，庆祝万圣节的西方国家还有荷兰、爱尔兰、法国、德国、比利时、瑞士、澳大利亚、新西兰等。亚洲国家中，日本由于 Cosplay 产业的高度发达，万圣节在日本也非常风靡。

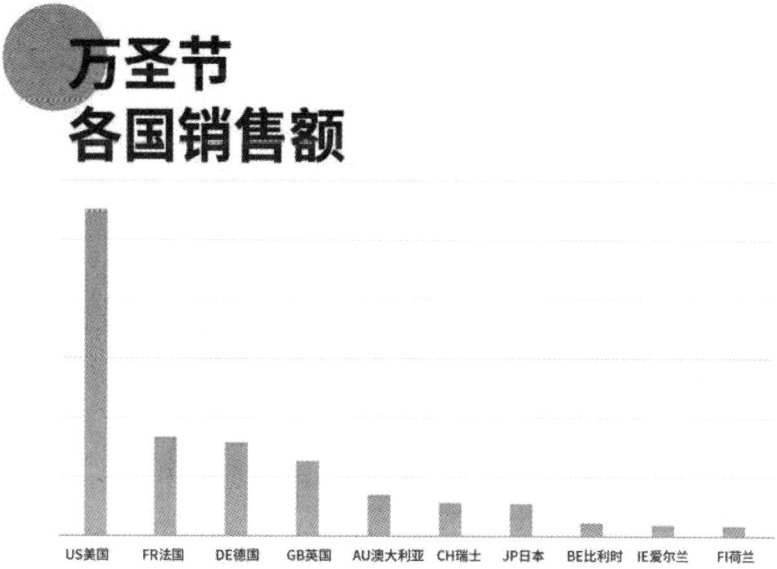

图 10-16　Wish2020 年各国销售额

3. 万圣节选品指南

万圣节作为西方最具趣味性的传统节日，全民参与的热潮使其成为价值万亿的商业节日，我们该从何处挖掘商机呢？

（1）万圣节消费行为解读。

Google 搜索从每年的 7 月中旬开始陆续出现有关万圣节的词汇，10 月 25 日至 31 日达到每年的搜索顶峰，并持续到 11 月中旬。

根据 NRF 的数据报道，尽管万圣节在 10 月 31 日，但从每年的 9 月开始采购万圣节物资的消费者超过了总数的 30%。

2020 年万圣节四大热销品类分别为糖果（95%）、服饰（67%）、装饰（73%）和贺卡（35%），虽然服饰订单量位居第二，但消费者在服饰上的消费最高。

（2）万圣节选品思路。

我们将从 Wish 及行业热搜词出发，按照场景和角色对万圣节进行细分选品。Wish 平台万圣节热搜词主要集中在万圣节装饰品、万圣节女士服装、万圣节面具、万圣节服装等子类目。家居用品则多集中在灯串、浴室用品和床单等子类目，如图 10-17 所示。

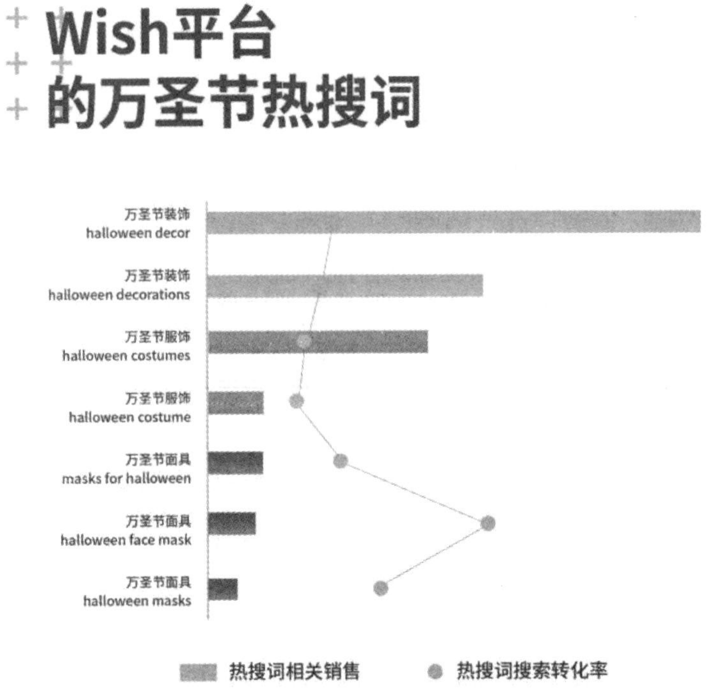

图 10-17　Wish2020 年万圣节热搜词数据

其他平台和行业热搜词有助于商户优化商品标题和文描，也有助于消费者更高效地检索万圣节商品，如图 10-18 所示。

万圣节装饰Google 年度热搜词

排序	译文参考	TOP热搜词	热度值
1	万圣节户外装饰品	halloween outdoor decorations	100
2	万圣节装饰品	decorations for halloween	83
3	DIY万圣节装饰品	diy halloween decorations	80
4	万圣节派对装饰品	halloween party decorations	41
5	万圣节树装饰	halloween tree decorations	31
6	万圣节门饰	halloween door decorations	29
7	圣诞节装饰	christmas decorations	28
8	可怕的万圣节装饰品	scary halloween decorations	27
9	万圣节装饰	halloween decor	26
10	万圣节院子里的装饰品	halloween yard decorations	24
11	最好的万圣节装饰品	best halloween decorations	22
12	万圣节房子装饰品	halloween house decorations	21
13	便宜的万圣节装饰品	halloween decorations cheap	20
14	2020 年万圣节装饰品	halloween decorations 2020	20
15	室内万圣节装饰品	halloween decorations indoor	19
16	简单的万圣节装饰品	easy halloween decorations	17
17	万圣节南瓜装饰品	halloween pumpkin decorations	15
18	万圣节骷髅装饰品	halloween skeleton decorations	15

图 10-18　近一年来 Google Trends 万圣节热搜词

根据消费者的商品使用场景进行分门别类，再细化选品，是最直观的选品方式，如图 10-19 所示。

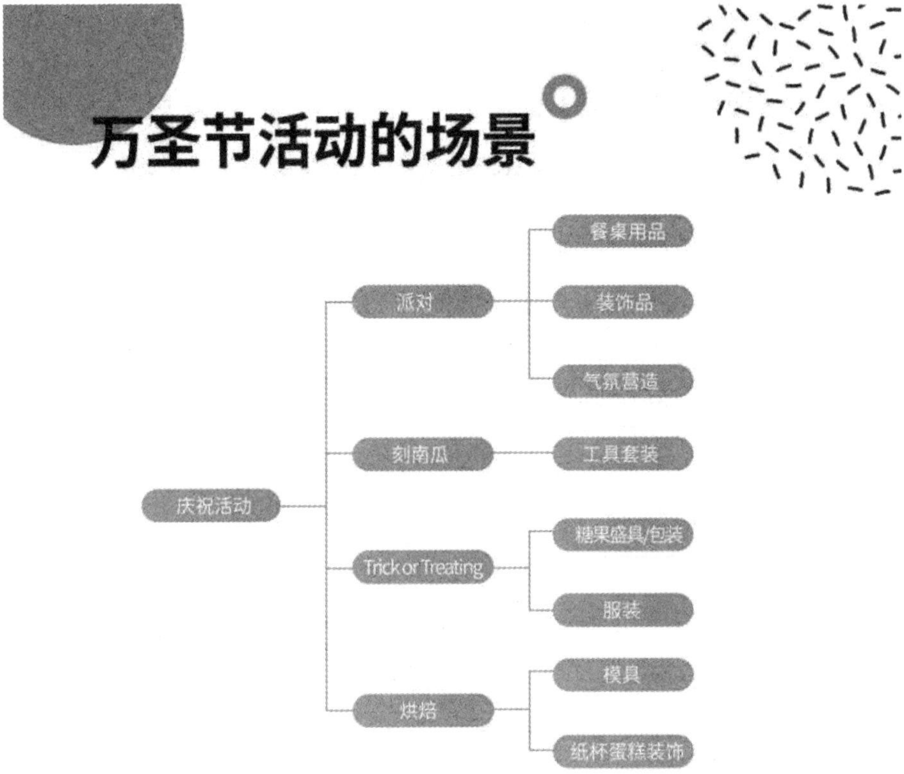

图 10-19　万圣节活动场景

以派对场景下的“装饰品”为例，将万圣节装饰品细分到户外装饰、室内装饰、灯具等产品类型，有助于商户将选品思路延伸到每一个产品细分领域。

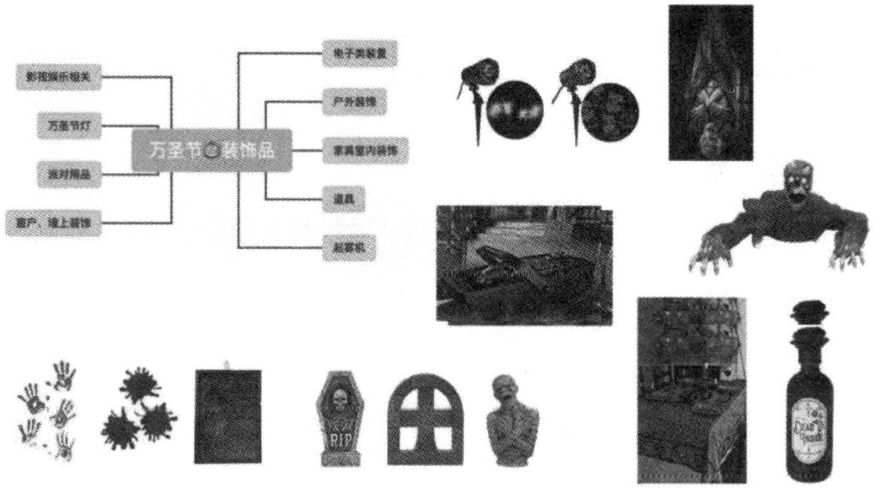

图 10-20　派对场景下的“装饰品”

万圣节角色选品，是商户针对各类角色开展“服装化妆道具”选品的思路。以“成人 & 儿童”的着装风格为例，万圣节角色的风格各异，商户可针对不同风格开展服饰、化妆品、装饰品选品，如图 10-21 所示。

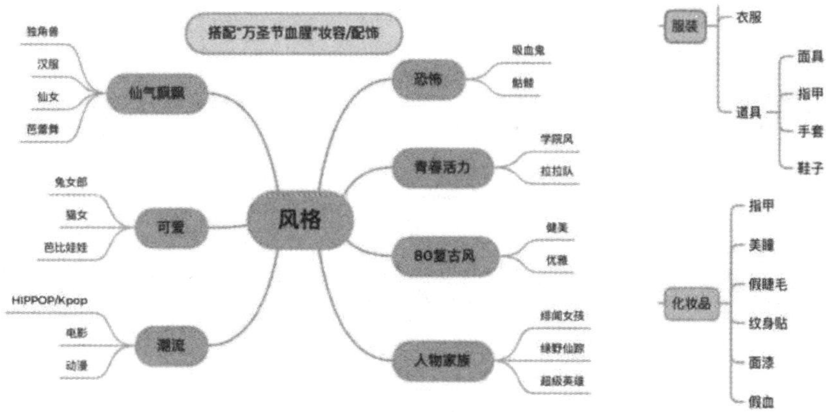

图 10-21　搭配万圣节的服装化妆道具

课后习题

1. 选择题

1）下列（　　）项不是侵权可能性调研的内容。

A. 商标专利　　B. 外观专利

C. 发明专利　　D. 竞品

2）下列（　　）项不是差异化选品的内容。

A. 增加产品颜色

B. 增加产品的尺码

C. 比竞品定价便宜

D. 改进原有产品的痛点，对产品进行升级

3）跨境电商第三方数据软件可以分析 Wish 平台上产品的信息，下列（　　）项内容是第三方数据软件上所没有的。

A. 产品图片　　B. 产品价格

C. 产品效率排行　　D. 产品差评内容

4）在 Pinterest Trends 里可以看到（　　）。

A. 相关类目下各个子类目趋势

B. 相关类目短期增量

C. Wish 平台当前热销类目

D. 相关类目长期季节性规律

5）在 Google Trends 里可以看到（　　）。

A. 相关类目下各个子类目趋势

B. 相关类目短期增量

C.Wish 平台当前热销类目

D. 相关类目长期季节性规律

2. 分析题

根据掌握的数据化选品内容，尝试借助相关平台进行分析，选出一款产品，并说明选品理由。